प्रबन्धन में 5 का मंत्र

Figure of 5 in Management

[एक कॉरपोरेट अनुभव]

प्रबन्धन में 5 का मंत्र

Figure of 5 in Management

[एक कॉरपोरेट अनुभव]

विजय जोशी

राजकमल प्रकाशन
नयी दिल्ली पटना इलाहाबाद कोलकाता

आभार :
श्री योगेश मंत्री
के प्रति जो इस विचार-यात्रा
में मेरे सतत सहयोगी रहे हैं।

राजकमल पेपरबैक्स में
पहला संस्करण : 2013

राजकमल पेपरबैक्स : उत्कृष्ट साहित्य के जनसुलभ संस्करण

राजकमल प्रकाशन प्रा. लि.
1-बी, नेताजी सुभाष मार्ग, दरियागंज
नई दिल्ली-110 002
द्वारा प्रकाशित

शाखाएँ : अशोक राजपथ, साइंस कॉलेज के सामने, पटना-800 006
पहली मंजिल, दरबारी बिल्डिंग, महात्मा गांधी मार्ग, इलाहाबाद-211 001
36 ए, शेक्सपियर सरणी, कोलकाता-700 017

वेबसाइट : www.rajkamalprakashan.com
ई-मेल : info@rajkamalprakashan.com

बी.के. ऑफसेट
नवीन शाहदरा, दिल्ली-110 032
द्वारा मुद्रित

आवरण : राजकमल स्टूडियो
रेखाचित्र : श्री संतोष जड़िया

मूल्य : ₹ 95

PRABANDHAN MEIN 5 KA MANTRA
by Vijay Joshi

ISBN : 978-81-267-2531-1

तरुण भारत संघ

तरुण भारत संघ
भीकमपुरा, किशोरी, थानागाजी, जिला अलवर, राजस्थान
watermantbs@yahoo.com, jalpurushtbs@gmail.com

भूमिका

सफल मैनेजमेंट में 5 का मंत्र पुस्तक की पांडुलिपि पढ़कर आनन्द हुआ। आपने अपने कॉरपोरेट जीवन-अनुभव का सार बहुत सुन्दर शब्दों में लिखा है। यह भारतीय ज्ञान पद्धति की श्रेष्ठतम संसाधन, प्रबन्धन और संरक्षण के साथ विकास क्रम की प्रस्तुति है।

भारतीय ज्ञान संवेदनापूर्ण सदुपयोग सिद्धान्तों को पालना सिखाता है। उसी गहरे ज्ञान को सरल भाषा में सहजता से प्रकट किया गया है।

सत्य का सलीका और कटुवचन से कलह सुन्दर प्रसंग है। ऐसा प्रसंग भारतीय ज्ञान की गहराई को सलीके से वस्त्र धारण करके जीवन में व्यवहार करने योग्य बनाता है।

उँगलियों के उत्तम उसूल से प्रकृति-प्रबन्धन का आध्यात्मिक दर्शन मिलता है। जीवन में प्रकृति से लेन-देन में समता का उपदेश है। शरीर के अंगों के काम को प्रबन्धन शिक्षा में शामिल करने की यह पुस्तक बहुत अच्छी कोशिश है।

पंचांग, पचांक द्वारा सृष्टि को समझने; पंच महाद्वीप, पाँच महासागर के प्रबन्धन को पेंसिल जैसी मामूली प्रबन्धन के साथ जोड़कर राह दिखाने वाली पुस्तक है यह। मुझे इस पुस्तक की भूमिका लिखते हुए आनन्द हुआ। ऐसी पुस्तक विजय जोशी जैसा विनम्र, ज्ञानवान, प्रज्ञावान, ऋषि और इंजीनियर ही लिख सकता

है। भौतिक शास्त्र को आध्यात्मिक शास्त्र में देखना सबसे कठिन काम होता है। कठिन काम को भी सुख के रूप में अनुभव करने वाला वैज्ञानिक ही ऋषि कहलाता है। पाँच भौतिक अंक, मन-वृद्धि और आत्मा का योग बनने पर पंच परमेश्वर बन जाता है।

कलियुग में भौतिक तत्त्वों को पंच महाभूत मानकर देखने वाली पुस्तक को सभी भारतीय पढ़कर सीख ले सकते हैं। विजय जोशी का वाणिज्य अनुभव भारतीय जनसामान्य के लिए इस पुस्तक द्वारा उपलब्ध कराना अच्छा प्रयास है। यह पुस्तक पढ़ने से पढ़ने वालों के जीवन में सफलता का दर्शन होगा।

भीकमपुरा
23 मार्च, 2012

आपका

(राजेन्द्र सिंह)
अध्यक्ष, तरुण भारत संघ

विजय जोशी
VIJAY JOSHI

8/SECTOR-2, SHANTI NIKETAN
(NEAR CHETAK SETU)
BHOPAL–462 023

अपनी बात

भारतीय दर्शन में पाँच के अंक का बड़ा महत्त्व है। पंच महाभूत क्षिति, जल, पावक, गगन, समीरा से लेकर पंच परमेश्वर का नाम हम बचपन से पढ़ते-सुनते आए हैं। सृष्टि के सृजन यानी पाँच महाद्वीप, पाँच महासागर से लेकर देह के दर्शन अर्थात् इन्द्रियों एवं हाथ-पैर की उँगलियों तक सब जगह पाँच प्रासंगिक है।

कुल मिलाकर बात पाँच के अंक की उत्कृष्टता या चमत्कार की नहीं बल्कि इस बात की है कि जीवन-यात्रा के कोलम्बसी अभियान के दौरान हमें जहाँ से जो भी सार्थक प्राप्त हो सके, उसे निर्मल मन से पूरी ईमानदारी के साथ स्वीकारा जाए।

अपने तीन दशक के सेवाकाल के दौरान प्राप्त अनुभव के भंडार से–'सार सार को गहि रहे थोथा देई उड़ाय' की तर्ज पर तत्त्व निकालकर सोदाहरण प्रस्तुत करने का एक विनम्र प्रयास इस पुस्तक के माध्यम से किया गया है। यदि इसे थोड़ा भी सार्थक समझा जा सके और किसी के काम आ सके तो यह मेरा सौभाग्य होगा। इन सब में नया कुछ भी नहीं है। बिखरे मोती की माला बनने का सुख भी किसी प्रार्थना से कम नहीं होता और इस समय मैं उसी सुख को पूरी शिद्दत के साथ अनुभव कर रहा हूँ।

आमीन!

भवदीय

(विजय जोशी)

Council Member, Institution of Engineers (India)
Former Group General Manager, B.H.E.L., Bhopal

emaill : v.joshi 415@gmail.com   Ph. : (0755)-2580887, (0)9826042641

पूजनीया गोलोकवासी दादी
बनारसी माय के प्रति

अनुक्रम

सभी सुख चाहते हैं

सभी स्वस्थ रहना चाहते हैं

सभी कार्य में सफल होना चाहते हैं

सभी समृद्ध और सम्पन्न बनना चाहते हैं

सभी प्रसिद्धि चाहते हैं

सभी तनावमुक्त होना चाहते हैं

तो!

कल जो चला गया, उसे भूल जाइए

कल जो आनेवाला है, उसकी चिन्ता मत कीजिए

जो वर्तमान है उसका सरलता, सहजता, दृढ़ता

और आत्मविश्वास के साथ सामना कीजिए।

प्रबन्धन में 5 का मंत्र
Figure of 5 in Management

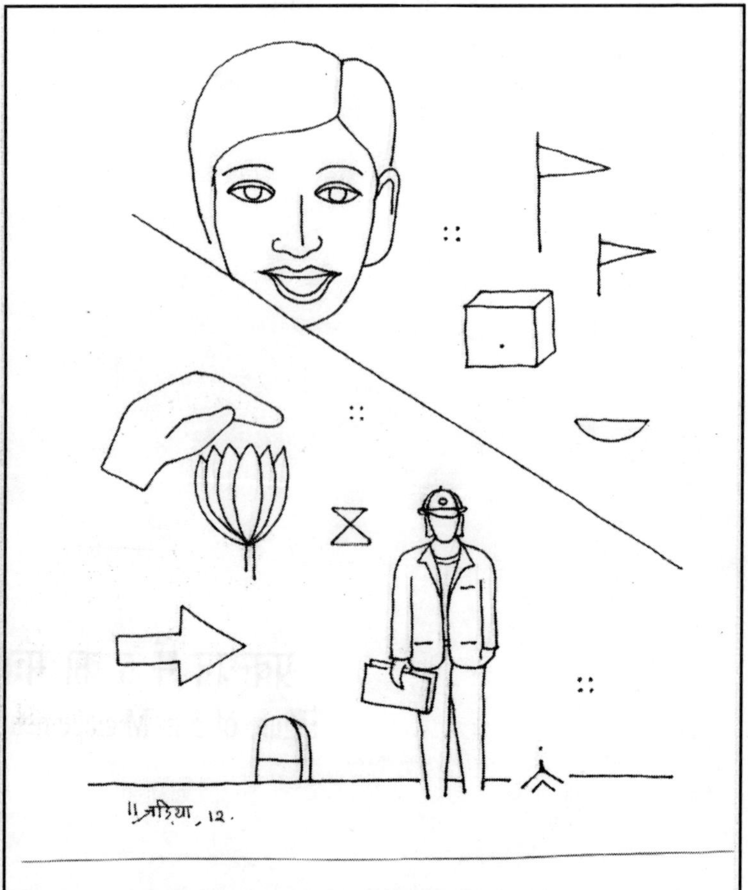

संवेदना का दर्शन

(Philosophy of 5 Senses)

प्राचीन काल का एक बड़ा रोचक प्रसंग है। एक बहुत प्रसिद्ध ऋषि थे, जो बहुत ज्ञानी तथा विद्वान थे। हर नगर के लोग उन्हें प्रवचन हेतु निरन्तर आग्रह करते हुए आमंत्रित करते थे। एक बार उन्हें एक शहर में विद्वानों की सभा में निमंत्रित किया गया। वे भी सभा में आकर बेहद प्रसन्न हुए, लेकिन अपनी बात आरम्भ करने के पूर्व उन्होंने समस्त उपस्थित सज्जनों की मानसिकता जानने के लिए एक अतिशय सरल प्रश्न प्रस्तुत किया कि ईश्वर द्वारा प्रदत्त सुख की अलभ्य वस्तुओं में से कौन सी चीज उन्हें सर्वाधिक उपयोगी, प्रासंगिक और मूल्यवान लगती है? कई सभाजनों के हाथ एक साथ उठ गए और उत्तर उपस्थित हो गए।

एक ने कहा–सम्पत्ति (Wealth)
दूसरे ने कहा–स्वास्थ्य (Health)
तीसरे ने कहा–सुविधाएँ (Facilities)
चौथे ने कहा–सौन्दर्य (Beauty)
पाँचवें ने कहा–जीवन (Life)

इस तरह अनेक उत्तर आते चले गए किन्तु ऋषि किसी भी उत्तर से सन्तुष्ट नहीं लगे और जब वे करीब-करीब निराशा के मुहाने तक पहुँचे तो एक नन्हा बालक अचानक उठा और कह उठा– हे मान्यवर, मुझे तो ईश्वर द्वारा मानव को प्रदान की गई सबसे बड़ी

दौलत लगती है–देखने, सुनने, बोलने, सूँघने और स्पर्श की अनमोल निधि, जिसकी बदौलत हम सारी सुविधाओं का न केवल आनन्द उठा पाते हैं बल्कि इन्हीं के माध्यम से हम औरों को भी सुख प्रदान करते हैं।

ऋषि इस उत्तर से बेहद प्रसन्न हो गए और तब उन्होंने समस्त उपस्थित सज्जनों को आँख, कान, जीभ, नाक और हाथ–इन पाँचों इन्द्रियों की शक्ति तथा उनसे मानव मात्र के परोपकार की महत्ता पर समुचित प्रकाश डाला। बात सही भी है। ये ही पाँच इन्द्रियाँ भौतिक जगत में दूसरों के सामने हमारे अन्तस का आईना हैं। इन्हीं के माध्यम से या तो हम लोगों को सदा के लिए जीत लेते हैं या खो देते हैं।

इन्द्रियाँ	सकारात्मक	नकारात्मक
आँख	समदृष्टि	हेय दृष्टि
कान	ठीक से सुनना	अनसुना कर देना
जीभ	वाणी सुमधुर (सारगर्भित)	वाणी कटु (कड़वा बोल)
नाक	स्थिति का आभास	भ्रमपूर्ण स्थिति
हाथ	स्पर्श स्नेहपूर्ण	प्रताड़ना

यही हमारी संस्कृति का सार है। प्रबन्धन–जगत में तो यह व्यक्तिगत जीवन से भी अधिक महत्त्वपूर्ण, सामयिक और सार्थक है। आखिर ईश्वर की यही देन तो बाह्य जगत से आपको जोड़ती है तथा उद्देश्य–प्रप्ति के मार्ग में आपकी सहायक बनती है। इनके उचित उपयोग से जहाँ आप उन्नति के शिखर पर सफलतापूर्वक अपना परचम लहरा सकते हैं वहीं दुरुपयोग द्वारा अवनति के मार्ग पर चलते हुए अन्त में असफलता की गुफा में खो सकते हैं।

आइए, सफल प्रबन्धन की आवश्यकता के परिप्रेक्ष्य में हम इन सब पर सिलसिलेवार गौर करते हुए विश्लेषण करें!

(1) आँख यानी उचित दृष्टि

किसी स्थिति से सबसे पहले रूबरू होने का एकमात्र साधन है हमारी आँखें जिनके माध्यम व सहायता से ही हम जगत से पहला साक्षात्कार करते हैं। दृष्टि एक बहुत बड़ा वरदान है। यह न होती तो शायद हम उस परम पिता की सुन्दरतम कृति धरती, प्रकृति, फूल, पक्षी, पेड़–इन सबसे सर्वथा वंचित रह जाते। न वसन्त देख पाते और न हेमन्त। किसी नेत्रहीन की व्यथा समझिए तब ईश्वर के प्रति कृतज्ञता का जो भाव हममें अवतरित होगा, वह वर्णन से परे है। उदार है। उसके दिये का उपकार हम उसे तो नहीं चुका सकते, लेकिन उसकी रचना के प्रति समदृष्टि रखकर तो किसी हद तक स्वयं के साथ न्याय कर ही सकते हैं।

अतएव नेतृत्व का सबसे पहला कर्तव्य ही यह है कि उसका नजरिया न्यायपूर्ण हो। वह सबको एक ही नजर से देखे न कि उसके पद, सम्पन्नता, रूप, रंग या किसी अन्य नजरिये से देखे। आदमी को बहैसियत एक आदमी देखने की कला का ही नाम है समदृष्टि। अमूमन निचले स्तर पर काम करने वाले को नीची नजर या हेय दृष्टि से देखा जाता है। न उसे, न उसकी राय को तवज्जो दी जाती है, क्योंकि उसका अनुमान हम उसकी भौतिक उपलब्धियों की तराजू पर तौलकर करते हैं। यह कतई जरूरी नहीं कि ऊँचे स्तर पर बैठे व्यक्ति में बुद्धि भी अधिक ही होगी बल्कि कई बार तो ऐसा आदमी भौतिक चकाचौंध के आवरण में अपना विवेक खो देता है, जबकि साधारण आदमी वास्तविकता के धरातल पर रहते हुए सच्चाई व सही सोच के अधिक नजदीक होता है।

अतएव अपना नजरिया सबके लिए एक समान रखते हुए कार्य को अन्जाम दें। अपनी दृष्टि के उचित उपयोग से आपको सफलता के सुगन्धित मार्ग से काँटे हटाते हुए आगे बढ़ने में न केवल सहूलियत रहेगी वरन् सफलता भी मिलेगी।

(2) कान यानी श्रवण कला

कान ईश्वर प्रदत्त दूसरा उपहार है। यह संवाद की पहली सीढ़ी है। यदि ये न होते तो न हम कुछ सुन पाते, न कुछ जान पाते। और जब जान ही न पाते तो फिर अपनी बात कह भी कहाँ पाते!

पर सुनना भी दो प्रकार का होता है। आम तौर पर आदमी वही सुनता चाहता है जो उसे प्रिय हो–भले ही वह समग्र सत्य न हो। स्वप्रशंसा सुनने का यह रोग कालान्तर में आदमी के पतन का मार्ग भी है। याद रखिए सत्य केवल सत्य होता है। उसके अतिरिक्त कुछ भी नहीं। वह सापेक्ष (Absolute) होता है–निरपेक्ष (Relative) नहीं। और यदि हम सत्य सुनने की कला स्वयं में विकसित नहीं कर पाए तो फिर सच्चाई को कैसे जान पाएँगे तथा उसे जाने बगैर आगे के सही मार्ग का अनुसरण भी कैसे कर पाएँगे? सत्य चूँकि सत्य होता है इसलिए उसे किसी आवरण की आवश्यकता भी नहीं होती। आवरण का मुखौटा तो झूठ की अमानत है, ताकि वह आपको मानसिकता के धरातल से नीचे उतारकर अपनी बात मनवा सके। अमूमन गलत अभिप्राय को झूठ की मीठी चाशनी का मुलम्मा चढ़ाकर कुछ इस तरह पेश कर दिया जाता है कि आप उसके मोहपाश में बँधकर उसे सत्य मान लें, जबकि आप खुद भली भाँति जानते हैं कि वह मिथ्या है। अपने विवेक का सही इस्तेमाल करते हुए सुनने की कला का ही नाम है–श्रवण।

प्रबन्धन के क्षेत्र में नेतृत्व का पहला धर्म ही है सच्चाई को जानते हुए सही निर्णय लेना। ठकुरसुहाती बातों पर यकीन अन्ततः सबकी हानि का कारण बनता है। एक बात और, चुगलखोरी को कभी प्रश्रय न दें। याद रखिए जो दूसरों की बुराई आपके सामने कर रहा है, वह आपकी बुराई भी कहीं और कर रहा होगा।

एक बात और जो अत्यधिक महत्त्वपूर्ण है, वह है धैर्यपूर्वक सुनने की कला का विकास। श्रोता भी 3 प्रकार के होते हैं :

* सरोता : जो हर बात को काट देता है,
* सोता : एक कान से सुनकर दूसरे से निकाल देने वाला,
* श्रवन्ता : सीधा, सच्चा और अच्छा श्रोता।

रामायण का कैकेयी-प्रसंग आपको याद ही होगा जब मन्थरा की बातों में आकर उसने राम को वनवास और भरत को राज की योजना बना डाली, जिसका अन्त कितना दुखद हुआ। सो आप भी कैकेयी-मंथरा मानसिकता से ऊपर उठकर सबके हित के मद्‌देनजर केवल वही सुनें जो सत्य हो-असत्य से करें परहेज, क्योंकि यह है काँटों की सेज।

(3) जीभ यानी बोलना

प्रबन्धन के क्षेत्र में सफलता के लिए तीसरा बड़ा संसाधन है आपकी जुबान। इसका उचित उपयोग जहाँ एक ओर आपको अनगिनत मित्रों की उपलब्धि कराते हुए समाज में प्रतिष्ठा प्रदान कराने में सहायक होता है, वहीं दुरुपयोग एक पल में वर्षों से निभे रिश्ते को गर्त में डाल देता है। कई बार ऊँची पायदानों की सीढ़ी चढ़ते समय आदमी को स्वयं के बारे में अनेक भ्रम हो जाते हैं। उन्हीं में से एक भ्रम है स्वयं के हरिश्चन्द्र जैसे सत्यवादी होने का। लेकिन सत्य सदा वह नहीं होता जो आप सोचते हैं, बल्कि वह होता है जिसे जनसामान्य भी आसानी से सोच-समझ लेता है। यदि कुर्सी ही सत्य की सहायक होती तो लोग अपने घर कुर्सियों से भर लेते। दूसरी बात लोग अमूमन सच बोलने का अहंकार पाल लेते हैं और अहंकार कैसा भी हो, कभी किसी का भला नहीं करता। रावण कितना विद्वान और बलशाली था, लेकिन अहंकार उसकी सारी खूबियों को निगल गया। सच बोलने का तो अहंकार नहीं, साहस होना चाहिए।

एक बात और! सच बोलने की आदत के तहत आदमी सत्य को भी अप्रिय तरीके से खुले रूप में प्रस्तुत कर देता है। यह कतई जरूरी नहीं कि सच के मद में हम किसी को आहत कर दें। कहा भी गया है—अप्रिय सत्यं न ब्रूयात अर्थात् अप्रिय सत्य न बोलें। सच सलीके के साथ भी कहा जा सकता है। उसके लिए सहज, सुन्दर तथा सलीके से बात करने की कला शीर्ष पर बैठे अधिकारियों में जब तक नहीं आएगी तब तक काम तो येन-केन-प्रकारेण हो जाएगा, लेकिन सफलता के आनन्द से सब वंचित रहेंगे।

सत्य का सलीका

एक उपदेशक से किसी ने जिज्ञासा की–आप सत्य को छोटी-छोटी कहानियों के रूप में क्यों प्रस्तुत करते हैं?

उपदेशक ने उत्तर दिया–एक समय था जब सत्य मनुष्यों के बीच नंगा घूमा करता था। जो उसे देखता, वही अपनी नजर उससे हटा लेता। नतीजा यह हुआ कि बेचारा सत्य अकेला दुनिया में मारा-मारा घूमता रहता, न कोई उसे पास फटकने देता और न उसकी ओर देखता। एक दिन सत्य मुँह लटकाए अकेला चला जा रहा था तभी अचानक बोध-कथा से उसकी भेंट हो गई। बोध-कथा आकर्षक सुन्दर कपड़े पहने मुस्कुराते हुए चली जा रही थी। उसने सत्य को देखा तो बिना पूछे न रह सकी–सत्य, तुम इतने दुखी क्यों हो?

सत्य ने उत्तर दिता–क्या बताऊँ बहन! पता नहीं, लोग क्यों मुझसे बचते-कतराते रहते हैं। बोध-कथा हँस पड़ी। उसने कहा–लो, मैं तुम्हें अपने कुछ कपड़े देती हूँ। इन्हें पहन लो, फिर देखो, क्या होता है। उत्साहपूर्वक सत्य ने बोध-कथा के दिए रंग-बिरंगे कपड़े पहन लिए। उसी क्षण से उसका हर जगह स्वागत होने लगा। यह कथा सुनाकर उपदेशक ने इसका मर्म उद्‌घाटित किया–सत्य यह है कि लोग नग्न सत्य को देखना नहीं चाहते। उसे अच्छी तरह ढका-मुँदा ही पसन्द करते हैं।

कटु वचन से कलह

एक और प्रसंग है–द्वापर की द्रौपदी का। पांडव और कौरव भाई-भाई थे। एक बार पांडवों ने अपने नवनिर्मित राजमहल के उद्‌घाटन के अवसर पर अपने भाइयों को आमंत्रित किया। दुर्योधन दृष्टिभ्रम के शिकार थे। उन्हें जल के स्थान पर थल तथा थल के स्थान पर जल दिखाई देता है।

भवन अवलोकन के दौरान वे थल पर सँभलकर चल रहे थे, लेकिन जैसे ही जलाशय पर पहुँचे, असावधानीपूर्वक चलने के कारण उसमें गिर गए।

तब द्रौपदी अनचाहे ही अनजाने में कह उठी—अन्धों के पुत्र अन्धे ही तो होते हैं।

और उसके बाद जो हुआ, सबको विदित है। द्रौपदी का यह कटु वचन प्रतिरोध बनकर महाभारत के युद्ध में परिणत हुआ जिसकी कीमत हजारों निरपराध लोगों को अपने प्राण देकर चुकानी पड़ी।

(4) नाक उर्फ सूँघने की कला

नाक शौर्य और शान की प्रतीक मानी जाती है। ऊँची नाक, नाक रखना, नाक कट जाना आदि मुहावरों का सृजन इसी के सन्दर्भ में हुआ है। चेहरे पर सदा से नाक और मूँछ की बड़ी पूछ रही है। शरीर का यही अवयव बदला चुका लेने का माध्यम भी बन जाता है, जबकि यह प्राणदायिनी और बड़ी निरीह होती है। याद कीजिए, लक्ष्मण ने सूर्पणखा की नाक काटकर ही रावण को अपनी शक्ति का सन्देश भेजा था।

इस सन्दर्भ में एक बड़ा रोचक प्रसंग है। एक बार शरीर के अन्य अवयवों जैसे आँख, नाक, कान, ओठ इत्यादि को नाक पर बड़ी दया आई। उन्होंने सोचा कि गलती तो कई बार हमारी होती है, लेकिन कीमत बेचारी नाक को चुकानी पड़ती है। सबने मिलकर नाक से इसका कारण पूछा। नाक ने जो उत्तर दिया, वह बड़ा सारगर्भित है—देखो, गलती कोई भी कर सकता है, जैसे जीभ कटु वचन बोल दे, कान सुनकर अनसुना कर दे, आँख गलत प्रयोग कर जाए, लेकिन जब सजा की बारी आती है तो ये सब पीछे हट जाते हैं। जैसे आँख और मुँह खुद को बन्द कर लेते हैं, कान पीछे रह जाते हैं, किन्तु सामूहिक उत्तरदायित्व की भावना के तहत मैं पीछे नहीं हटती। मैदान में डटी रहती हूँ और इसीलिए मुझे इसकी कीमत खुद की जान देकर चुकानी पड़ती है।

इसी में नेतृत्व के लिए बहुत बड़ा सन्देश छुपा हुआ है और वह यह कि संस्था में जाने-अनजाने चूक कोई भी कर सकता है, लेकिन उसकी जिम्मेदारी स्वयं पर लेकर शीर्ष एक बहुत बड़ा उदाहरण प्रस्तुत करता है। इसके बाद आपसे अभिभूत आपके साथी आगे के लिए न केवल

सावधान व समर्पित हो जाएँगे बल्कि पूरे प्राणपण से काम में अपनी आत्मा समाहित करते हुए उसे ऐसे श्रेष्ठता के ऐसे शिखर पर पहुँचा देंगे जो आपकी कल्पना से भी परे होगा। सजा से भी बड़ी सजा तो किसी को गलती के लिए क्षमा कर देने में है, क्योंकि तब उसका जमीर जागकर उसे सन्मार्ग पर ले आएगा। एक बात और है–नाक की सूँघ सकने की शक्ति और कला। आप देखिए वन्य प्राणियों की सारी जीवन शैली घ्राणशक्ति सूँघने की कला पर आधारित है। नेतृत्व का भी एक अनिवार्य गुण है कि वह काम के दौरान वातावरण को बगैर पूछे खुद-ब-खुद सूँघकर जान सके कि कहाँ क्या हो रहा है और किसी उपाय से काम की कमजोर कड़ी को पहचानकर उसे दूर कर सके। इसी को कहते हैं बगैर सुने या बोले पूरी स्थिति की वास्तविकता का आकलन करते हुए कार्य का सफलतापूर्वक सम्पादन एवं निष्पादन।

(5) हाथ यानी स्पर्श की कला

हाथ कर्ता शब्द का पर्याय है क्योंकि यही काम को अन्जाम देते हैं। शरीर के सारे अन्य अंग इसके सहायक मात्र हैं। काम के मोर्चे पर जुटे हाथ ही उसकी सफलता या असफलता निर्धारित करते हैं। लेकिन चूँकि यह पक्ष सर्वविदित है इसलिए इसकी विस्तारपूर्वक विवेचना की आवश्यकता नहीं है। हम तो इसका दूसरा पहलू छुएँगे—स्पर्श का। स्नेह, प्रेम, सहयोग, सद्भावना जताने का सबसे बड़ा उपकरण हाथ ही तो है। आपने स्वयं देखा और अनुभव किया होगा कि काम के दौरान किसी का उत्साह बढ़ाने के लिए किसी अन्य उपाय की जरूरत नहीं, बस उसके कंधे पर हौले से स्नेहपूर्वक हाथ रखते हुए उसे सहला भर दीजिए। उत्साह बढ़ाने का यह शर्तिया सूत्र या जाँचा-परखा टॉनिक है। हाथ का स्पर्श बिना कहे ही सब कुछ कह देता है। प्रेम की भाषा में भी बोल से ज्यादा प्रभावकारी इजहार का तरीका इसी के माध्यम से होकर जाता है।

आपने देखा होगा, छोटे से छोटा बच्चा भी माँ के स्पर्श के लिए कितना लालायित रहता है। लोरी के साथ हल्की-हल्की थपकियाँ उसे

रोने के मार्ग से खींचकर सोने की आरामदायक मुद्रा में ले जाती हैं। लोरी वह समझ नहीं पाता, परन्तु स्पर्श बखूबी समझ जाता है।

स्पर्श सामनेवाले के मन में एक आश्वस्ति या सुरक्षा का भाव पैदा करता है। I care for you अर्थात् मुझे तुम्हारी चिन्ता है–प्रबन्धक का यह भाव प्रबन्धन के क्षेत्र में सौ दवा की एक दवा है। आजकल एक पद्धति (Therapy) बड़ी प्रसिद्ध हो रही है और वह है गले लगाने की पद्धति (Hugging Therapy)। माँ आनन्दमयी गले लगाते हुए पीठ थपथपाकर अपने भक्तगणों को बिना कहे ही सब कुछ कह देती हैं और तब वह लौटता है पूरे सन्तोष व सुख की भावना के साथ एवं जीवन की जंग जीतने के एक दृढ़ निश्चयी आत्मविश्वास की थाती लेकर।

शीर्ष जिस दिन इस छोटी सी बात को समझ जाता है, उसी दिन से काम की कोरी स्लेट पर एक नई इबारत आरम्भ होती है जो व्यर्थ के जुमलों या थ्योरी से ऊपर उठकर काम को भावना के उच्चतम शिखर पर पहुँचा देती है।

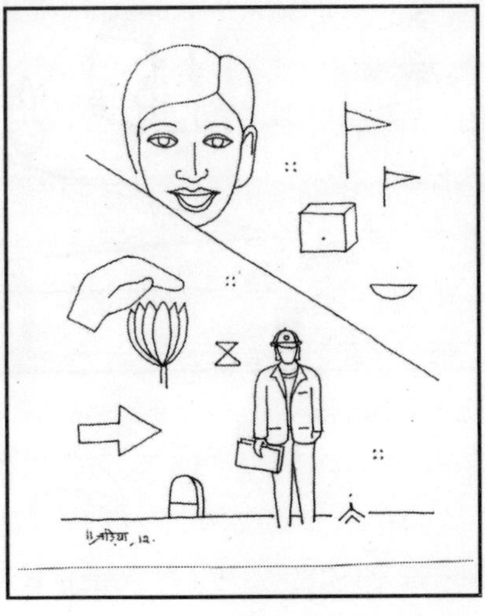

पांडव प्रबन्धन

(Pandav Management)

द्वापर का दौर अस्त-व्यस्त सामाजिक व्यवस्था का दौर था, जहाँ सारे सिद्धान्त, मूल्य व मूल्य आधारित संस्थाएँ एक निरंकुश शासन के सामने निरीह तथा असहाय हो गई थीं। सारे नियम-कायदे ताक पर रख दिए गए। सब ओर हाहाकार का दौर था वह। सत्य के मार्ग पर चलनेवाले पांडवों का राज-पाट छीनकर उन्हें बारह वर्ष के वनवास पर भेज दिया गया। लौटकर उन्हें राज्य तो क्या, उनकी मात्र 5 गाँवों से सन्तुष्ट हो जाने की माँग भी ठुकरा दी गई और तब मंच पर आए उस युग के सर्वाधिक कुशाग्र, संयत, न्यायवादी, नीति-निर्धारक कृष्ण, जिनकी कुशल प्रबन्धन कला व योजना का सहारा लेकर पांडवों ने न केवल एक अराजक अत्याचारी सत्ता को चुनौती दी, अपितु उसे इतिहास के कालखंड के काले पन्नों में समेटकर रख दिया। पिताविहीन दो-दो माताओं से जन्मे पांडव केवल 5 भाई ही नहीं थे वरन् सुगठित, सामंजस्यपूर्ण सहयोजन के प्रत्यक्ष उदाहरण थे, जो प्रबन्धन के पृष्ठों पर आनेवाले कई वर्षों तक अमिट तथा अमर रहेगा। यदि उनमें 5 शरीर लेकिन एक आत्मा वाली समूह भावना वाली बात न होती तो कौन सोच भी सकता था कि मात्र 5 साधारण से भाई इतनी बड़ी राजसत्ता को जड़-मूल से उखाड़ पाएँगे। प्रबन्धन की पहली शर्त है-नीति-निर्धारण और उसके बाद आता है नेतृत्व एवं टीम के बीच शत-प्रतिशत सामंजस्य, सहयोग तथा सहयोजन। नेतृत्व से अपेक्षा की जाती है कि वह न केवल विद्वान व न्यायपूर्ण हो बल्कि अपने सहयोगियों के प्रति उदार तथा

मित्रतापूर्ण हो। साथियों का उनकी प्रतिभा के अनुसार न केवल उपयोग करे अपितु जहाँ जैसी जरूरत हो, उन्हें उस परिस्थिति में नेतृत्व के सूत्र भी सौंप सके। समूह के सदस्यों से भी अपेक्षित होता है कि वे भी अपने वरिष्ठ सहयोगी नेतृत्व को खुले व पूरे मन से स्वीकार करते हुए अपना कार्य न केवल सम्पूर्ण चुस्ती-फुर्ती और मुस्तैदी से करे बल्कि आदर तथा सम्मान का एक ऐसा माहौल आपस में पैदा करे जो दूसरों के लिए भी आदर्श हो। आइए, पाँच में एक और एक में पाँच इन भाइयों की अलग-अलग विशिष्टताओं पर गौर करें तथा यह देखें कि आधुनिक प्रबन्धन में उनकी शैली कहाँ तक उपयोगी हो सकती है।

1	**युधिष्ठिर**	**धर्म एवं न्याय**
2	**भीम**	**बल तथा शक्ति**
3	**अर्जुन**	**एकाग्रता और वचनबद्धता**
4	**नकुल**	**सौन्दर्य व समर्पण**
5	**सहदेव**	**नैतिकता एवं बुद्धि**

(1) युधिष्ठिर यानी धर्म

सबसे बड़े भाई युधिष्ठिर धर्म के प्रतीक थे। अपने व्यवहार में पूरी तरह न्यायसंगत। नीतिगत मूल्यों में उनके अत्यधिक विश्वास ने ही कई बार सब भाइयों को अप्रिय एवं कठिन स्थितियों में भी इस हद तक डाल दिया कि उस दौर की एक स्थापित प्रथा द्यूत क्रीड़ा में भाग लेने और फिर उसमें छलपूर्वक हार जाने का दंश उनके पूरे परिवार को भारी मोल देकर चुकाना पड़ा। पर उस समय की सर्वजन मान्य मूल्य-प्रणाली, व्यवस्था तथा नीति के अन्तर्गत अनेक कष्ट सहकर भी उन्होंने स्थापित संस्कृति का पालन किया। सम्भवतया यही कारण था कि उन्हें सशरीर स्वर्ग ले जाने के लिए स्वयं ईश्वर को उपस्थित होना पड़ा, लेकिन वहाँ भी उन्होंने स्वामीभक्त कुत्ते को छोड़कर जाने से इनकार

कर दिया। उन्हीं के न्यायपूर्ण व्यवहार का एक सुन्दर प्रसंग संक्षेप में यह है कि एक बार जब पानी की खोज में सरोवर तक पहुँचे पांडव भाइयों ने यक्ष के प्रश्नों का उत्तर नहीं दिया तो वे सब मृत्यु को प्राप्त हो गए। अन्त में जब युधिष्ठिर ने यक्ष के प्रश्नों का समाधान कर उसे पूरी तरह सन्तुष्ट कर दिया और उसने उन्हें किसी एक भाई को जीवित कर देने का विकल्प दिया तब युधिष्ठिर ने बलशाली भीम या तेजस्वी अर्जुन के बजाय नकुल को जीवित कर देने का आग्रह किया। इस पर आश्चर्यचकित हो जब यक्ष ने कारण पूछा तो युधिष्ठिर ने कहा कि–भीम व अर्जुन तो उनकी माता कुंती से जन्मे उनके सहोदर हैं तथा नकुल–सहदेव विमाता माद्री के पुत्र हैं। न्याय की माँग भी यही है कि इस स्थिति में दोनों माताओं का कम से कम एक पुत्र जीवित रहे। उनकी इस न्यायसंगत बात पर प्रसन्न होकर यक्ष ने सभी भाइयों को जीवित कर दिया। **सूत्र : नेतृत्व का साथियों तथा संस्था के प्रति व्यवहार तथा आचरण धर्म एवं न्यायसंगत हो।**

(2) भीम अर्थात् बल तथा शक्ति

महाबली भीम शक्ति या ताकत के प्रतीक हैं। याद रखिए किसी भी प्रबन्धन या नेतृत्व का शक्तिशाली होना बेहद जरूरी है, क्योंकि जब तक वह इन गुणों से परिपूर्ण नहीं होगा तब तक न तो अपने प्रतिद्वन्द्वियों को सही सन्देश दे पाएगा और न ही अपनी सहयोगी सेना को नियंत्रित कर पाएगा। सच कहें तो समूह को भी एक शक्तिसम्पन्न नेतृत्व पर गर्व ही होता है।

रामायण का एक बहुत सुन्दर प्रसंग है। राम मर्यादा पुरुष थे इसीलिए उन्हें मर्यादा पुरुषोत्तम भी कहा जाता है। वे अत्यन्त विनयशील, उदार व बड़े दिलवाले थे। जब समुद्र पार कर लंका जाने की आवश्यकता उपस्थित हुई तो उन्होंने सर्वप्रथम समुद्र से नम्रतापूर्वक रास्ता दे देने हेतु निवेदन किया, किन्तु अहंकारी समुद्र ने राम की नम्रता को उनकी कायरता समझा और उनकी बात को कोई महत्त्व नहीं दिया।

और तब धैर्य चुक जाने के बाद जब राम ने धनुष–बाण उठाकर उसे दंड देने का प्रण किया तो स्थिति की गम्भीरता को समझते हुए समुद्र तुरन्त शरणागत हो गया। इसीलिए कहा भी तो गया है–बिनु भय होत न प्रीत। सो नेतृत्व का बलवान, शक्तिवान व सामर्थ्यवान होना बेहद जरूरी है। इसी से अनुशासन का सन्देश भी हर स्तर तक सही तरीके से बगैर कुछ कहे अपने आप पहुँच जाता है। किसी भी लुंज–पुंज, रीढ़विहीन नेतृत्व से न तो साथियों की रक्षा की गारंटी ली जा सकती है और न ही समूह आप पर अभिमान कर सकता है।

सन्देश : नेतृत्व का बलवान तथा शक्तिशाली होना एक अनिवार्य आवश्यकता है।

(3) अर्जुन उर्फ एकाग्रता तथा वचनबद्धता

महाभारत में अर्जुन का चरित्र न केवल शौर्य बल्कि लक्ष्य के प्रति एकाग्रता तथा वचनबद्धता का प्रतीक है। किसी भी विषय पर कौशल के साथ ही साथ उसके सही समय पर विवेक व बुद्धि के साथ सार्थक उपयोग की कला का नाम है एकाग्रता। यह कला जन्मजात न हो तब भी दृढ़ इच्छाशक्ति एवं अभ्यास से इसे अपनाया जा सकता है। कौरव और पांडव दोनों ही राजपुत्र थे। सारे के सारे बुद्धिमान, शक्तिशाली व क्षमतावान, लेकिन गुरु द्रोणाचार्य की सूक्ष्म दृष्टि ने अर्जुन की लक्ष्य के प्रति एकाग्रता तथा दृढ़ इच्छाशक्ति को तुरन्त पहचानकर उसे अपना सर्वश्रेष्ठ शिष्य भी घोषित कर दिया। कौरव राजपुत्रों को गुरु का यह आचरण पक्षपातपूर्ण लगा। सो गुरु ने एक दिन सबको बुलाकर पेड़ पर बैठी एक चिड़िया की आँख का संधान करने का आदेश दिया। जब सबने बाण धनुष की प्रत्यंचा पर चढ़ा लिए तो एक–एक कर सबसे पूछा कि उन्हें क्या दिखाई दे रहा है। किसी ने पेड़ तो किसी ने फल, पत्ती इत्यादि सब का विवरण दिया, लेकिन अर्जुन एकमात्र ऐसे शिष्य थे जिन्होंने कहा कि गुरुदेव, मुझे तो केवल पक्षी की आँख दिखाई दे रही है।

यही था एकाग्रता का वह अचूक मंत्र जिसका उसकी रग-रग में वास था। सारे शिष्यों को बिना कुछ कहे अपने आप उत्तर मिल गया। याद रहे, किसी भी कार्य के सफल सम्पादन के लिए उसमें एकाग्र चित्त होना निहायत जरूरी है। इसके अभाव में कोई भी गुण भले ही वह बुद्धि, शक्ति इत्यादि कुछ भी क्यों न हो, महत्त्वहीन होता है। एकाग्रता ही मुख्य गुण है जब कि अन्य पूरक। लक्ष्य-अनुसंधान का केन्द्रबिन्दु है एकाग्रता का अचूक नुस्खा।

सन्देश : जीवन में एकाग्रता तथा वचनबद्धता के अभाव में लक्ष्य प्राप्ति असम्भव है।

(4) नकुल यानी सौन्दर्य व समर्पण

नकुल पाँचों भाइयों में चौथे क्रम पर आते हैं। वे न केवल सबसे अधिक सुन्दर थे बल्कि कार्य के प्रति उनका समर्पण भी अद्‌भुत था। अपने बड़े भाइयों को पूरा आदर देते हुए उन्होंने सदा पूरे मन से उनका साथ निभाया। एक बार भीम और अर्जुन ने भले ही बड़े भाई से मौन या अव्यक्त असहमति जताई हो पर नकुल ने ऐसा कभी नहीं किया। यह केवल लक्ष्य के प्रति पूरी तरह से समर्पित व्यक्ति ही कर सकता है तर्क, वितर्क या कुतर्क से परे रहकर।

कार्य के दौरान सहयोगी से जिन गुणों की अपेक्षा की जा सकती है, वे सब उनमें थे-जैसे कठिन परिश्रम, शर्तविहीन समर्पण, बड़ों के प्रति आदर, स्नेहपूर्ण व्यवहार, आदि-आदि। प्राणिमात्र में सौन्दर्य अमूमन अभिमान का प्रतीक बन जाता है, लेकिन उनके आचरण में ऐसा कभी प्रतीत नहीं हुआ। नकुल का आचरण व व्यवहार नेतृत्व तथा समूह के बीच सहयोग एवं सामंजस्य का अद्‌भुत और सर्वोत्तम उदाहरण है। समूह के सदस्यों से जिस व्यवहार की कल्पना की जा सकती है, वे सब उनमें स्वतः तथा नैसर्गिक रूप से विद्यमान थे। विमाता के पुत्र होते हुए भी उन्होंने जिस श्रद्धा व प्रेम से अपने बड़े भाइयों के प्रति सगों से भी गई गुना अधिक साथ निभाया, वह विलक्षण एवं अनूठा था।

किसी भी समूह के सदस्यों में ये गुण सहयोग व सद्भाव का एक ऐसा वातावरण निर्मित करते हैं जो न केवल पारिवारिक, सुखद और सुन्दर होता है बल्कि काम करने वालों के मन में गहराई तक उतरकर काम के दौरान अनुपम आनन्द की अनुभूति भर देता है।

सन्देश : समूह के सदस्यों में नेतृत्व के प्रति समर्पण तथा सहयोग एक आवश्यक शर्त है।

(5) सहदेव उर्फ नैतिकता/बुद्धि

सहदेव पाँचों भाइयों में सबसे छोटे होने के कारण सर्वाधिक प्रिय थे। उनमें बुद्धि, वाक्चातुर्य व नैतिकता जैसे गुणों का विलक्षण समायोजन था। अपने बड़े भाई नकुल के ही सदृश उन्हें भी अपनी बुद्धि या बात करने की कला का कोई अभिमान नहीं था। अपने बड़े भाइयों के व्यक्तित्व के सामने उन्होंने तमाम बेजोड़ गुणों के बावजूद खुद के व्यक्तित्व को छोटा करके उनमें समाहित कर दिया। सेवा का एक ऐसा सेतु जो केवल राम और हनुमान में आदिकाल से परिलक्षित होता आया है। इसीलिए पूरे महाभारत प्रसंग में उनके नाम के प्रति कोई विरोधाभास नहीं दिखाई देता। उनका किसी से कोई मतभेद या मनोमालिन्य भी कभी नहीं रहा। आमतौर पर अति महत्त्वाकांक्षा के रथ पर सवार आदमी दूसरों को पछाड़ने की दौड़ में खुद ही पिछड़ता जाता है। लेकिन सहदेव का व्यवहार तमाम प्रतिभा के बावजूद निष्काम या फलरहित कर्म का जीता-जागता उदाहरण है।

प्रबन्धन के क्षेत्र में यदि आदमी ऐसी मानसिकता का विकास कर सके तो न केवल संस्था फलती-फूलती है वरन् सबके साथ व्यक्ति का स्वयं का व्यक्तित्व भी अपने आप उभरता जाता है। उसकी विनम्र एवं सारगर्भित बातें न केवल उसकी बल्कि समूह की उन्नति की सीढ़ी भी बनती हैं तथा टीम में व्यक्ति की स्वीकार्यता स्थापित करती हैं।

सन्देश : समूह की सफलता का मूलमंत्र है सदस्यों का बुद्धिपूर्ण एवं अहंकाररहित सद्व्यवहार।

निष्कर्ष :

संक्षेप में यही है पांडवों के आचरण का प्रबन्धन के क्षेत्र में योगदान। ये सारे गुण एक दिशा में संलग्न रहकर जब परस्पर सहयोग के साथ कार्य करते हैं तो संस्था की सफलता स्वतः ही सुनिश्चित हो जाती है, लेकिन उसके लिए आवश्यक है सबके मन में एक दूसरे के प्रति स्नेह, सद्‌भाव व सहयोग जो व्यक्तिगत महत्त्वाकांक्षाओं तथा अहंकार से सर्वथा रहित हो। यही वे कारण हैं जिनके कारण साधन-सम्पन्नता से विहीन पाँचों भाई इतनी शक्तिशाली तथा अराजकता से परिपूर्ण शासन-व्यवस्था से लोहा लेकर विजयी हो सके।

उँगलियों के उत्तम उसूल

(Theory of 5 Fingers)

आदमी का हाथ उसके शरीर का हस्तिनापुर है। सारे अंगों की सारी प्रक्रिया की अन्तिम परिणति हाथों के द्वारा होती है। हमारी सारी योजना, चिन्तन, मनन, क्रिया आदि का समापन बिन्दु है हाथ जो इन सबको परिणाम के सुखद सोपान पर पहुँचाता है। संक्षेप में कहें तो हृदय आदमी में काम की भावना को भरता है, मस्तिष्क बुद्धि देता है, पेट पोषण करता है, पैर गन्तव्य तक पहुँचाता है, लेकिन मनुष्य के पास हाथ एकमात्र ऐसा हथियार है जो लक्ष्य का शर–संधान करता है। हाथ का धर्म न केवल कार्य की सम्पन्नता सुनिश्चित करना है, वरन् दुष्टता के प्रति दंड व दुख के पलों में सांत्वनापूर्वक सहलाने, थपथपाने का धर्म भी यही निभाता है। हाथ यह सब कर पाता है अपनी उँगलियों के माध्यम से, जो अलग–अलग आकार–प्रकार की होने के बावजूद एक दूसरे की न केवल सहायक होती हैं बल्कि काम के समय पूरी तरह एकजुट।

आइए, प्रबन्धन के क्षेत्र में हम इनसे कुछ ग्रहण करने का प्रयत्न करें।

(अ) प्रबन्धन का आध्यात्मिक दर्शन

(Spiritual Philosophy of Management)

अन्तर्राष्ट्रीय मैनेजमेंट गुरु एवं प्रसन्ना ट्रस्ट के स्वामी सुखबोधानन्दजी भारतीय दर्शन के बहुत बड़े विद्वान हैं। इस अनूठे सोच से मेरा सर्वप्रथम साक्षात्कार उन्हीं के द्वारा कराया गया था, जिससे मैं बेहद प्रभावित भी हुआ।

1	अँगूठा (Thumb)	जीवात्मा (Self Centre)
2	तर्जनी (Index Finger)	परमात्मा (Spiritual Centre)
3	मध्यमा (Middle Finger)	भाव पक्ष (Emotional Centre)
4	अनामिका (Ring Finger)	बुद्धि पक्ष (Intellect Centre)
5	कनिष्ठा (Short Finger)	शरीर पक्ष (Body Centre)

(1) अँगूठा यानी जीवात्मा (Thumb i.e. Self Centre)

अँगूठा आपकी आत्मा यानी कर्ता का प्रतिनिधित्व करता है। आप एक व्यक्तिगत इकाई हैं, जिसे ईश्वर ने धरती पर भेजा है–कुछ विलक्षण व विशिष्ट प्रतिभाओं के साथ, कुछ सार्थक कर गुजरने के लिए। इसलिए कार्य आरम्भ करने का दायित्व (Initiative) आपको स्वयं ही लेना होगा–एक दृढ़ निश्चय के साथ, संकल्प व ऊर्जा के साथ। याद रखिए आप अपने आप में सम्पूर्ण व सक्षम हैं। अपनी शक्ति को अपने सोच के साँचे में ढालिए और अपने लक्ष्य (Mission) प्राप्ति की दिशा में सबका सहयोग आमंत्रित करते हुए आगे बढ़िए।

(2) तर्जनी यानी परमात्मा (Index Finger i.e. Spiritual Centre)

किसी भी कार्य को आरम्भ करने की पहली शर्त ही यह है कि आत्मा परमात्मा से जुड़े। आखिरकार जिसने हमें धरती पर भेजा है, प्रकृति की इतनी सुन्दर सौगात हमें दी है, उसके प्रति मन में श्रद्धा रखते हुए कृतज्ञतापूर्वक जुड़ना मनुष्य का पहला कर्तव्य है। यह आपको न केवल नैतिक बल प्रदान करता है वरन् साथियों के सामने भी अच्छा उदाहरण प्रस्तुत करता है।

अँगूठा व तर्जनी के मिलने से जो मुद्रा बनेगी, वह है नृत्य की एक प्रसिद्ध मुद्रा, जिसे बड़ा पवित्र तथा मंगलमय माना जाता है।

(3) मध्यमा यानी भाव पक्ष
(Middle Finger i.e. Emotional Centre)

परमात्मा से जुड़ने के बाद अगली सीढ़ी है काम से भावनात्मक रूप से जुड़ना। याद रखिए, जब तक कार्य से मन नहीं जुड़ेगा, उसकी सफलता सन्देहास्पद है। मन के जुड़े बगैर तन अकेला कुछ नहीं कर सकता। इन दोनों का संयुक्त स्वरूप गाड़ी के दो पहियों के सदृश है जो केवल मिलकर ही कार्य को गति प्रदान कर सकते हैं।

(4) अनामिका यानी बुद्धि पक्ष
(Ring Finger i.e. Intellect Centre)

किसी भी कार्य के सफल सम्पादन के लिए बुद्धि का प्रयोग नितान्त आवश्यक है। इसी के माध्यम से काम करने का सिद्धान्त व विधि निर्धारित होती है, जहाँ से आदमी पहली सीढ़ी से यात्रा आरम्भ कर सीढ़ी-दर-सीढ़ी चढ़ाई की प्रक्रिया पूरी करता है।

(5) कनिष्ठा यानी शरीर पक्ष
(Short Finger i.e. Body Centre)

एक बार जब आदमी परमात्मा से जुड़ते हुए काम से भावनात्मक रूप से जुड़ जाता है और बुद्धि की सहायता से पूरी प्रक्रिया तय कर लेता है तो फिर शरीर कार्य के मंच पर अवतरित हो जाता है–उसे अमली जामा पहनाने के लिए। शरीर कार्य-सम्पन्न करने का साधन मात्र है, क्योंकि मानसिकता का धरातल तो पहले ही तैयार हो चुका होता है।

याद रखिए शरीर अकेला कुछ नहीं कर सकता यदि शेष तीन अवयव उसका साथ न दें। जीवात्मा, परमात्मा, भाव पक्ष तथा बुद्धि पक्ष–ये इसी क्रम में एक होकर शरीर को प्रेरणा देते हुए सफलता के अन्तिम सोपान पर विजय का झंडा फहराने का गौरव प्रदान करते हैं।

समाज बनाएँ समरस

देश, समाज या संस्था सब प्रकार के लोगों का मिला-जुला स्वरूप है। सोचिए, यदि सब एक जैसे होते तो दुनिया कितनी बदरंग व नीरस

होती! अच्छे-बुरे, छोटे-बड़े, निर्धन-धनी-इन सबका मिला-जुला रूप एक गुलदस्ते के समान होता है, जिसमें अलग-अलग आकार के फूल उसे सुन्दर स्वरुप प्रदान करते हैं।

(ब) राजेन्द्र दर्शन
(Philosophy of Shri Rajendra Singh)

इन्हें हाथ की ऊँगलियों के माध्यम से प्रस्तुत करने का सुघड़ प्रयोग किया सबसे पहले मैग्सेसे व जमनालाल बजाज पुरस्कार प्राप्त एवं राजस्थान की मरुभूमि को जल से आप्लावित करनेवाले व्यक्ति श्री राजेन्द्र सिंह उर्फ पानीवाले बाबा ने, जब वे कम आयु में ही निकल पड़े थे सुदूर सीमा के पास स्थित अदना से एक गाँव की ओर जहाँ के लोगों को पानी मयस्सर नहीं था।

1.	**अँगूठा (Thumb)**	**कर्ता (Performer)**
2.	**तर्जनी (Index Finger)**	**सकारात्मक एवं सक्रिय (Positive & Proactive)**
3.	**मध्यमा (Middle Finger)**	**सकारात्मक एवं तटस्थ (Positive & Neutral)**
4.	**अनामिका (Ring Finger)**	**अवसरवादी (Opportunist)**
5.	**कनिष्ठा (Short Finger)**	**नकारात्मक (Negative)**

(1) अँगूठा यानी कर्ता
(Thumb i.e. Performer)

हाथ का अँगूठा स्वयं का प्रतिनिधित्व करता है। यह पूरे हाथ में सबके साथ होकर भी अपने आप में अनूठा है। Thumbs up का जुमला भी इसकी शक्ति का ही प्रतीक है। सो कार्य कैसा भी हो, सरल या कठिन, उसे करने का बीड़ा भी आपको ही उठाना होगा। यदि सोचेंगे कि पहले सबको इकट्ठा कर लें या जब सब एक हो जाएँगे तब कार्य आरम्भ करेंगे, तो वह दिन कभी नहीं आएगा। आप जब काम की सकारात्मकता या सार्थकता से सहमत (Convince) हो जाएँ तो तुरन्त

ही 'एकला चलो रे' की तर्ज पर अपना अभियान आरम्भ कर दें, इस बात की प्रतीक्षा किए बगैर कि लोग साथ आते हैं या नहीं।

(2) तर्जनी अर्थात् सकारात्मक एवं सक्रिय

(Index Finger i.e. Positive and Proactive)

समाज चार किस्म के लोगों से मिलकर बनता है। इनमें पहला वर्ग है सक्रिय एवं सकारात्मक लोगों का। ये लोग वे हैं जो कार्य की सार्थकता से प्रभावित होकर बिना औपचारिक निमंत्रण के खुद-ब-खुद तुरन्त आपके साथ जुड़ जाते हैं। ये सुख-दुख, सरल-कठिन, ऊँचे-नीचे हर मार्ग पर आपके सच्चे साथी हैं। अतः इनकी कद्र कीजिए और पूरे सम्मान तथा आदर के साथ इन्हें अपने उद्देश्य (Mission) में साथी बनाइए।

(3) मध्यमा उर्फ सकारात्मक एवं तटस्थ

(Middle Finger i.e. Positive and Neutral)

दूसरा वर्ग उन लोगों का होता है जिनकी मानसिकता तो सकारात्मक है, लेकिन जो अग्र सक्रिय नहीं। ये सज्जन विद्वान व विषय के जानकार तो पूरी तरह होते हैं लेकिन इनमें पहल (Initiative) लेकर आगे बढ़ने का माद्दा नहीं होता। पर इनके साथ विशेष बात यह भी है कि यदि कोई अन्य आगे बढ़कर अच्छे काम की शुरुआत कर दे तो ये फिर तुरन्त ही उससे जुड़ जाते हैं, क्योंकि इनके दिल में भी कुछ अच्छा कर पाने की चाहत होती है। काम के श्रीगणेश के बाद ये स्वतः आपसे जुड़ते चले जाएँगे।

(4) अनामिका यानी अवसरवादी

(Ring Finger i.e. Opportunist)

यह वर्ग वह है जो केवल अपने लिए जीता है। जनहित से ऊपर इनका खुद का स्वार्थ होता है और उसी की तराजू पर तौलकर ये अपने कदम तय

करते हैं। इनका एक ही सिद्धान्त है—जिधर बम, उधर हम। और जब ये देखते हैं कि बहुमत कर्ता की ओर झुक रहा है तो ये भी श्रेय (Credit) लेने की लालसा के तहत कार्य में तुरन्त अपनी उपस्थिति दर्ज करा देते हैं।

(5) कनिष्ठा अर्थात् नकारात्मक
(Short Finger i.e. Negative)

इस कड़ी में अन्तिम अंग है नकारात्मक लोगों का। ये न केवल खुदगर्ज और तंगदिल होते हैं बल्कि अच्छे कार्य को हानि पहुँचाने की क्षमता रखते हैं। ये बेहद चालू किस्म के होते हैं और यदि इनकी ज्यादा चिन्ता की गई या इनको अधिक तवज्जो दी गई तो काम कभी सफलता के मुकाम तक नहीं पहुँच पाएगा। इनको सबसे बड़ी मार या नसीहत तो सिर्फ यही है कि इनकी उपेक्षा की जाए। इनके लिए यही उचित है, तभी इनके अन्दर एकाकी रह जाने की पीड़ा उभरती है। इस तरह जब समाज के सारे अंग कर्ता के साथ जुट जाएँगे तो इस वर्ग के लिए भी कोई विकल्प नहीं बचेगा और उन्हें भले ही मजबूरीवश स्वतः ही कार्य से जुड़ना पड़ेगा।

लीजिए अब तो बँध गई मुट्ठी लाख की जो पहले थी खाक की। लोगों की मानसिकता को सही तरीके से समझते हुए कार्य को आरम्भ करने का प्रत्यक्ष तथा वास्तविक तरीका कुछ इस तरह है :

हम हैं दरिया हमें अपना हुनर मालूम है,
जिस तरफ भी चल पड़ेंगे रास्ता बन जाएगा।

(स) प्रार्थना से प्रीत

प्रार्थना का जीवन में बड़ा महत्त्व है। यह न केवल मन को शान्ति, शक्ति और सन्तोष प्रदान करती है बल्कि दूसरों के कल्याण का प्रयोजन भी बनती है। आइए, देखें प्रबन्धन की पाठशाला में प्रार्थना को भी नए आयाम देकर सर्वजन हिताय : सर्वजन सुखाय का माध्यम बनाया जा सकता है। उदार दृष्टिकोण की पहली शर्त ही यह है कि हम पहले दूसरों के भले का उपाय करें और सबसे आखिर में अपना।

1.	अँगूठा (Thumb)	निकटतम (Nearest & Dearest)
2.	तर्जनी (Index Finger)	सहयोगी (Colleagues)
3.	मध्यमा (Middle Finger)	मुख्य कार्यकारी/बुजुर्ग (CEO/Elders)
4.	अनामिका (Ring Finger)	कमजोर (Weak)
5.	कनिष्ठा (Short Finger)	स्वयं (Self)

(1) अँगूठा यानी निकटतम (Thumb i.e. Nearest & Dearest)

अँगूठा आपके हृदय के सर्वाधिक नजदीक है। इसलिए सबसे पहले उनकी मंगल कामना के लिए प्रार्थना करें जो आपके सर्वथा निकट हैं, क्योंकि वे ही आपका भला सबसे अधिक चाहते हैं। उनके प्रति समर्पित प्रार्थना उनके द्वारा प्राप्त उपकार के प्रतिदान का एक विनम्र, सहज तथा सरलतम उपाय है। इससे आपके हृदय में उनकी याद सर्वदा प्रतिष्ठित रहेगी। प्रसिद्ध दार्शनिक सी. एस. लेविस के शब्दों में–यह आपका सुन्दरतम कर्तव्य है।

(2) तर्जनी अर्थात् सहयोगी (Index Finger i.e. Colleagues)

अगली बारी तर्जनी की है अर्थात् अब आप उनके लिए प्रार्थना करें जो आपके सहयोगी हैं, क्योंकि जीवन के सफर में वे ही आपके सच्चे सहयात्री हैं। उन्हें कई बार आपके सहयोग एवं बुद्धि की सही दिशा दिखाने हेतु आवश्यकता होगी। उन्हें अपनी प्रार्थना का हिस्सा बनाएँ। कर्म के कुरुक्षेत्र में आप इनके सहयोग के बिना सफलता की कामना कर ही नहीं सकते।

(3) मध्यमा यानी मुख्य कार्यकारी/बुजुर्ग (Middle Finger i.e. CEO/Elders)

मध्यमा उँगली माध्यम है उन लोगों के लिए प्रार्थना करने का जो न केवल समाज या संस्था के शीर्ष पर हैं बल्कि आयु में भी आपसे बड़े हैं। इन लोगों के लिए अवश्य प्रार्थना कीजिए, क्योंकि ये समाज, देश

या संस्था की दशा और दिशा दोनों निर्धारित करते हैं। इन्हें ईश्वर के मार्गदर्शन तथा सहायता की सख्त व सर्वाधिक आवश्यकता है। ईश्वर प्रदत्त नैतिक बल के सहारे ये अपने काम को अन्जाम देते हुए सबका भला कर सकने की क्षमता और माद्दा दोनों रखते हैं।

(4) अनामिका यानी कमजोर
(Ring Finger i.e. Weak)

यह चौथी उँगली है। किसी भी पियानो वादक से पूछ लीजिए यह सबसे कमजोर मानी जाती है। इसका सन्देश भी यही है कि जो सबसे कमजोर, असमर्थ व असहाय हैं, वे न केवल आपकी सहानुभूति, सहायता तथा सहयोग के प्रार्थी हैं बल्कि प्रार्थना के भी सही व वास्तविक हकदार हैं। उन्हें आपकी प्रार्थना की सतत आवश्यकता है। महात्मा गांधी ने भी तो यही कहा था कि–समाज के आखिरी आदमी के प्रति सद् और सहानुभूति का भाव ही ईश्वर की सेवा का दूसरा नाम है व हमें उस परम पिता के समीप ले जाता है।

(5) कनिष्ठा अर्थात् स्वयं
(Short Finger i.e. Self)

और अन्त में बारी आती है कनिष्ठा यानी सबसे छोटी उँगली की जो हम खुद हैं। स्वयं को सबसे छोटा समझते हुए स्वार्थरहित त्यागपूर्ण जीवन जीना हमारा सबसे बड़ा उद्देश्य होना चाहिए। लघुता से प्रभुता मिले, प्रभुता से प्रभु पद पाई। अहंकार रहित जीवन सरलतम जीवन है। बाइबिल में कहा भी गया है–**The least shall be the greatest on arrival in Heaven यानी फैसले वाले दिन सबसे छोटा ही सबसे महान होगा।**

इस तरह सबके लिए प्रार्थना पूरी कर चुकने के बाद जब हृदय शुद्ध व सात्विक हो जाए तो फिर प्रर्थना के लिए आपका अपना नम्बर आता है, क्योंकि तब यह आपका बुनियादी अधिकार भी बनता है कि आप ईश्वर से स्वयं के लिए प्रार्थना करें। दरअसल इसी स्थिति में आप अपनी

आवश्यकताओं का सही आकलन सही परिप्रेक्ष्य में कर सकते हैं और तभी आपकी प्रार्थना प्रभावी (Effective) भी होगी।

यही है प्रार्थना का पावन सिद्धान्त जो यह सन्देश देता है–

सर्वे भवन्तु सुखिनः,
सर्वे सन्तु निरामयाः
सर्वे भद्राणि पश्यन्तुः
मा कश्चित दुखभाग्भवेत।

(सभी जन सुखी हों, सभी जन स्वस्थ हों, सभी जन सौभाग्यशाली हों और किसी को कोई दुख न हो।)

(द) एक चीनी लोककथा

पाँच उँगलियों के सन्दर्भ में एक छोटी, सुन्दर एवं सार्थक सन्देश वाहक चीन की एक मनमोहक लोककथा का उदाहरण प्रस्तुत किया जा सकता है। जो इस प्रकार है–

1.	अँगूठा	अभिभावक	Parents
2.	तर्जनी	भाई/बहन	Siblings
3.	मध्यमा	स्वयं	Self
4.	अनामिका	जीवन साथी	Life Partner
5.	कनिष्ठा	बच्चे	Children

आप दोनों हाथों को पूरी तरह आमने–सामने खोलते हुए दोनों हथेलियों की मध्यमा को अन्दर मोड़ते हुए पृष्ठ भाग की ओर से (Middle Portion) आपस में जोड़ लें तथा शेष अन्य को आमने–सामने ऊपरी भाग में।

अब अँगूठों को अलग करने का प्रयास कीजिए। ये आसानी से अलग हो जाएँगे। आपके अभिभावक सारे जीवन आपके साथ नहीं रह सकते। यह जीवन का दुखद किन्तु अप्रिय सत्य है जिसे स्वीकारने के अलावा हमारे पास अन्य कोई विकल्प नहीं है। वे आगे–पीछे चले ही जाएँगे।

संस्थान में कार्य स्थल पर भी ऐसे सहकर्मी होते हैं जो अधिक आयु के होने के कारण सेवा निवृत्ति की कगार पर होते हैं। आगे–पीछे उनके योगदान से हमें वंचित होने के सत्य को स्वीकारते हुए उनके अनुभवजन्य ज्ञान का पूरा उपयोग उनके सेवारत रहते–रहते कर लेना चाहिए।

अब हाथों को पूर्ववत स्थिति में ले आएँ तथा तर्जनी को अलग करने का प्रयत्न करें। ये भी खुल जाएँगी। व्यक्तिगत जीवन में ये आपके भाई–बहन इत्यादि हैं जो समय के साथ अपना जीवन आरम्भ करने के लिए आपसे बिछुड़ जाएँगे। इसके लिए आप भी मानसिक रूप से तैयार रहते ही हैं।

इसी प्रकार कार्य स्थल पर भी आपको ऐसे लोग अवश्य मिलेंगे जो बेहतर जीवन या कैरियर की चाह में कालांतर में समय के साथ चले ही जाएँगे पर महत्त्वाकांक्षी श्रेणी के ये लोग कुशाग्र होते हैं तथा जब तक रहते हैं योगदान देते हैं। इनका समय रहते समुचित उपयोग करें।

अब हाथ पूर्ववत् करते हुए कनिष्ठा उँगलियों को पृथक करने का प्रयत्न कीजिए। ये भी खुल जाएँगी। ये मूलतः आपके बच्चे हैं जो कालांतर में आप से विदा ले लेंगे। इन्हें साथ रखने की केवल यही शर्त है कि आप उन्हें अपने साथ रखते हुए प्रतिष्ठित होने का अवसर प्रदान करें।

कम्पनी में यह नई पीढ़ी के प्रतीक हैं, जिन्हें आपके मार्ग निर्देशित सहयोग व संबल की आवश्यकता है ताकि उनमें भविष्य के प्रति आत्मविश्वास बैठ सके।

अन्त में पूर्ववत् स्थिति में आते हुए अनामिका को अलग करने की कोशिश कीजिए। आपको आश्चर्य होगा कि लाख प्रयत्न करने के बावजूद ये अलग नहीं होंगी। यह मूलतः आपकी सहधर्मिनी की प्रतीक है, जो सुख-दुख, भले-बुरे, ऊँच-नीच सारी परिस्थितियों में सदैव दृढ़तापूर्वक पूरे समर्पण व निष्ठासहित आपके साथ बनी रहती है। कभी न तो अलग होती है और न कभी उसकी आकांक्षा या इच्छा करती है, क्योंकि पति पत्नी का यह जोड़ चिर स्थायी, शाश्वत एवं संगठित है।

इसी प्रकार कम्पनी या कार्यालय में भी ऐसे लोग होते हैं जो काम के प्रति पूरी तह निष्ठावान तथा समर्पित होते हैं। किसी राग-द्वेष, छल-कपट, तंत्र-मंत्र-षड्यंत्र से परे ये लोग केवल काम में एकाग्रतापूर्वक लगे रहते हैं। न तो अवसरवादी और न अति महत्त्वाकांक्षावादी, निष्काम कर्म के प्रति सच्चे अनुयायी। ये ही संस्था की रीढ़ की हड्डी होते हैं। कार्य की सफलता के लिए इनका ध्यान रखना ऊँचे आसन्दी पर विराजे लोगों का पुनीत कर्तव्य है।

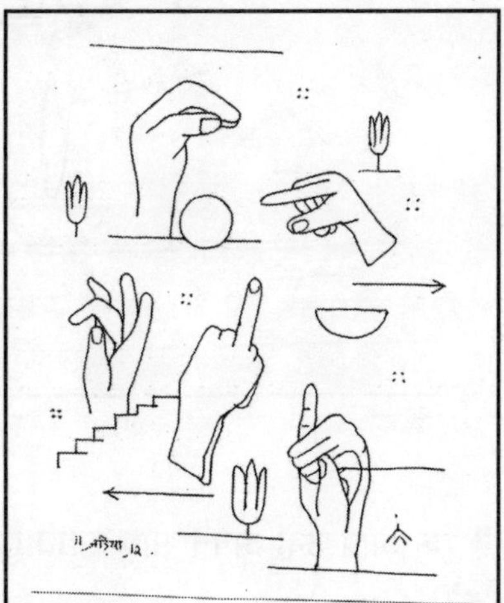

प्रबन्धन का भारतीय दर्शन

(Philosophy of Mythology)

हमारे पूर्वजों, ऋषियों व सन्तों द्वारा प्रदत्त भारतीय दर्शन एक सुविचारित, सुसंस्कृत एवं सरलतम जीवन पद्धति है। हमारे जीवन की किसी भी विधा के सम्बन्ध से लेकर प्रबन्धन तक यह हर स्थान पर सटीक तथा सारगर्भित दर्शन का चिन्तन और मनन है।

जब बात हमारी शिराओं और संस्कारों में आ जाती है तो फिर हर स्थान पर आचरण का यही दर्शन हमारा न केवल पथ प्रदर्शन करता है, बल्कि अच्छे तथा सच्चे अन्तस का प्रदर्शन भी स्वत: ही कर देता है।

आइए, हम सबसे पहले इस 5 सूत्रीय दर्शन की व्याख्या व प्रबन्धन में उसकी उपयोगिता पर क्रमवार विचार करें।

1.	**धर्म**	**संस्कार/मूल्य (Value system/values)**
2.	**अर्थ**	**संसाधन (Resources)**
3.	**काम**	**कार्य (Action/implementation)**
4.	**मोक्ष**	**अनासक्ति योग (Ego renunciation)**
5.	**परमात्मा**	**आत्म सन्तोष (Self fulfilment)**

1.1 धर्म यानी संस्कार

धर्म की परिभाषा है धारयति इति धर्मम् अर्थात् जो भी धारण करने योग्य है वही है धर्म। व्यक्तिगत जीवन में भी इसका आशय संस्कार से

है, जिनसे आदमी का सारा जीवन संचालित होता है। याद करिए, माता पिता बालक के हृदय में बचपन से ही अच्छे संस्कार के बीज रोपित करने लगते हैं, ताकि वह जीवन में आगे सदा सही मार्ग पर चलते हुए न केवल खुद का भला करे बल्कि दूसरों के लिए भी परोपकारी बने। वसुधैव कुटुम्बकम् अर्थात् सारे जगत को अपना परिवार समझे।

संस्था के सन्दर्भ में यह उसकी कार्य संस्कृति (Work culture) या मूल्य आधार (Value system) होता है। कम्प्यूटर की भाषा में कहें तो यह कम्पनी का सॉफ्टवेयर (Software) होता है, जो उसकी गतिविधियों या कामकाज की शैली को परम्पराओं तथा अच्छाइयों का आधार प्रदान करता है। नेतृत्व या उच्च प्रबन्धन के कंधों पर न केवल इन्हें सहेजने का भार होता है बल्कि इसे सबको समझाते हुए अच्छी परम्पराओं को आगे बढ़ाने का का उत्तरदायित्व भी होता है। सारी बड़ी कम्पनियाँ पहले अपने उद्देश्य, दृष्टि व मूल्य (Vision, mission, values) तय करती हैं और बाद में उन्हें साँचे (Frame work) में ढालकर अपने कार्य को अन्जाम देती हैं। यह संस्था की आत्मा होती है।

1.2 अर्थ अर्थात् संसाधन

भौतिक जीवन में अर्थ से मतलब संसाधनों से है जिनकी सहायता से कार्य को पूरा करने में आसानी होती है। ये साधन (Means) हैं जो साध्य (Objective) तक पहुँचने में आदमी के लिए सेतु का कार्य करते हैं, लेकिन भौतिकतावादी आदमी कई बार साधन को ही साध्य समझ लेने की भूल करता है और अपने मार्ग से भटक जाता है। उदाहरण के लिए देखें तो पैसा जीने का जरिया मात्र है पर रातोरात सम्पन्नता की चाहत में आज का आदमी पैसे के लिए जीने लग गया है। यह बड़ी दुखद स्थिति है, जब सहायक मालिक बन जाए और मालिक उसका दास बनकर अपने मूल लक्ष्य से भटक जाए। प्रबन्धन के क्षेत्र में जब आप कोई काम हाथ में लेते हैं तो उसे पूरा करने के लिए संसाधन भी आवश्यक हैं। ये कई हो सकते हैं, जैसे–मुद्रा, उपकरण, मशीन इत्यादि।

इनके समुचित उपयोग (Optimum utilisation) किए जाने की कला नेतृत्व में आवश्यक ही नहीं अनिवार्य भी है। कई बार देखा गया है कि शीर्ष पर बैठे व्यक्ति काम की धरती से जुड़े नहीं रह पाते। संसाधनों के उपयोग की बारीकियाँ व्यक्ति को काम की वास्तविकताओं से न केवल भिज्ञ रखेगी बल्कि उसके आत्मविश्वास में भी अभिवृद्धि करेंगी।

1.3 काम उर्फ कार्य

भारतीय दर्शन के मूल अर्थों में काम का तात्पर्य आनन्द शब्द से जुड़ा है। ऐसा काम जिसमें ऊर्जा के साथ चरम सुख की प्राप्ति भी सम्मिलित हो। आखिरकार आदमी की इतनी मेहनत, परिश्रम, कार्य साधना का केन्द्र बिन्दु तो अन्ततः है आनन्द या सुख की ही प्राप्ति। इसी की जुगत में वह जीवन भर लगा रहता है। लेकिन काम के साथ ही उसे सम्पन्न कर सकने की कला भी आवश्यक है। जब तक व्यक्ति काम की कला को नहीं सीखेगा काम व फल दोनों व्यर्थ हो जाएँगे।

प्रबन्धन के क्षेत्र में तो यह नितान्त आवश्यक है कि व्यक्ति को न केवल कार्य का ज्ञान हो वरन् उसे सम्पादित करने की कला में भी वह पारंगत हो। केवल तभी उसे सुख या लक्ष्य की प्राप्ति हो पाएगी।

भगवान कृष्ण ने गीता में स्वयं कहा है–**योगः कर्मसु कौशलं** अर्थात् कार्य की कुशलता ही योग है। आदमी कहीं भी हो उसके लिए यह बेहद आवश्यक है कि किस कार्य को किस प्रकार अच्छी तरह से सम्पादित किया जा सकता है, इसकी न केवल प्रक्रिया वरन् कला की भी आदि से अन्त तक की जानकारी से वाकिफ हो।

हाथ से काम करने की कला न केवल आपका आत्मविश्वास बढ़ाती है बल्कि ऐसे व्यक्ति का साथियों के बीच मान–सम्मान भी बढ़ता है। याद रखिए अपने पैरों से चलकर पहाड़ की चोटी तक पहुँचने में जो सुख व सन्तोष है वह पैराशूट से उतरने में नहीं। जब आप खुद को काम के प्रति समर्पित कर देते हैं तो वह खेल के समान आनन्ददायक हो जाता है। इसके लिए आवश्यकता है तो केवल सकारात्मक मानसिकता की।

1.4 मोक्ष यानी अनासक्ति

मोक्ष धर्म, अर्थ व काम के बाद परम सन्तोषदायी फल का प्रतिरूप है। गीता में निष्काम कर्म की व्याख्या विस्तृत रूप से की गई है। ऐसा कर्म जिसमें फल की चाहत न हो। कहा भी गया है कि जो फल की आशा में कर्म करता है उसे फल प्राप्त हो ही जाएगा इसकी कोई गारंटी नहीं, लेकिन जो फल की चाहत न रखते हुए कर्म करता है उसे सुखद फल अवश्य प्राप्त होता है। संस्था में कार्य करते समय यह भाव बहुत पवित्र तथा लाभकारी परिणाम देनेवाला होता है, क्योंकि तब नेतृत्व से प्रेरित होकर सब लोग स्वार्थ परे रखते हुए कार्य को एक मिशन मानकर पूरी निष्ठा, लगन व समर्पण के साथ अन्जाम देते हैं। शर्त केवल यही है कि नेतृत्व के व्यवहार में अहंकार रहित भाव तथा अनासक्त कर्मयोगी का आचरण हो। यह खुद के स्व को सबमें समाहित करके उनके साथ एक हो जाने का जज्बा है। तब जिस टीम का सृजन होता है, वह रसायन शास्त्र की भाषा में मिश्रण (Mixture) नहीं वरन् यौगिक (Compound) कहलाती है। यानी सब आत्मसात होकर एक ही मन, वचन व प्राण से ध्येय की दशा और दिशा का ठीक-ठीक आकलन करते हुए उसे शून्य से शिखर पर पहुँचा देते हैं।

1.5 परमात्मा

परमात्मा को किसी ने नहीं देखा और उसके अस्तित्व को बुद्धि की कसौटी पर रखते हुए लोग कई बार तो उसके वजूद पर ही सवालिया निशान लगा देते हैं। चलिए इस सोच को भी एक पल के लिए ठीक मान लेते हैं। तो फिर जरा सोचिए कि जब छोटे से छोटे काम के लिए भी किसी कर्ता की आवश्यकता होती है, तो फिर इतनी बड़ी सृष्टि अचानक तो शून्य से उभरकर नहीं आ गई होगी। आप उसे जो भी नाम दे दें– साकार, निराकार या प्रकृति कुल मिलाकर कृतज्ञता ज्ञापन का पात्र तो वही है। यही हमारी आत्मशुद्धि का मार्ग भी बनता है।

वैसे भी भारतीय दर्शन में आत्मा को परमात्मा का रूप ही माना गया है। अतएव जब भी कोई कार्य पूरी निष्ठा, लगन और ईमानदारी से

किया जाता है तो सन्तोष का गहरा भाव हमारे अपने अन्दर उभरता है, जो हमें शारीरिक तथा मानसिक दोनों रूप से चुस्त, दुरुस्त और स्वस्थ रखता है। प्रबन्धन की दृष्टि से देखें तो यह सबको साथ लेकर मन की शुचिता के साथ कार्य करते हुए लक्ष्य प्राप्ति के बाद की स्थिति है। सृजन से बड़ा कोई सुख नहीं और वही सुख नेतृत्व तथा सहयोगी दोनों के अन्तस में उभरता है। इसी को तो आत्मा की अभिलाषा की पूर्ति या Self fulfilment कहा जाता है।

याद रखिए काम के साथ-साथ यदि आदमी परम सुख, शान्ति एवं आत्मिक सन्तोष पा सके तो भला इससे अच्छी बात और क्या हो सकती है। इससे न केवल मन में सुख की लहरें हिलोरें लेती हैं बल्कि अन्तरात्मा भी मजबूत होती है तथा आयु लम्बी, क्योंकि तब आप किसी अज्ञात भय, तनाव या दुर्विचार के दास नहीं होते।

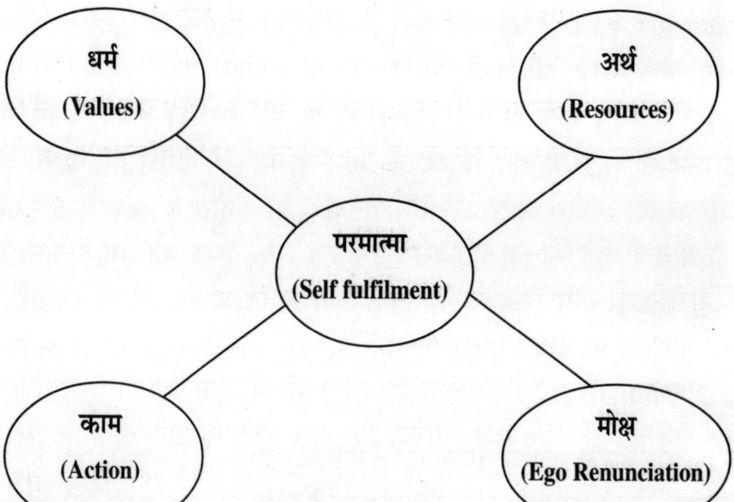

(2) इस्लाम के उसूल

इस्लाम जीवन जीने की एक सुविचारित एवं सुव्यवस्थित जीवन पद्धति है। इसका दर्शन भी 5 सिद्धान्तों पर आधारित है जो इस प्रकार हैं–

1.	ईमान	ईमानदारी/लगन	Sincerity/honesty
2.	नमाज	स्वास्थ्य/स्फूर्ति	Fitness/energetic
3.	रोजा	अनुभूति/स्व अनुभव	Realisation of self
4.	जकात	उदार हृदय	Kindness/be a giver
5.	हज	समूह भाव	Team building/ knowledge sharing

2.1 ईमान

यहाँ ईमान का अर्थ बहुत व्यापक है। इसके अन्तर्गत दिन में पूरे 24 घंटे हर पल पूरी ईमानदारी से जीवन जीने की व्याख्या की गई है। आपसे यह अपेक्षा की जाती है कि आपका जीवन पाक साफ हो, कोई आपसे न तो धोखा खाए और न तकलीफ पाए। न तो गलत बयानी की जाए और न किसी को ठगा जाए। यही सीख वेदान्त या ॠग्वेद सहित सब धर्मों में भी वर्णित है।

प्रबन्धन भले ही वह जीवन का हो या कार्यस्थल का, काम में ईमानदारी से न केवल मनुष्य के मान-सम्मान में अभिवृद्धि होती है बल्कि उसे असीम आत्म सन्तोष और सुख प्राप्त होता है। एक ऐसा सुख जो केवल वही जानता है जिसने ईमानदारी के जज्बे को अपने अन्तस में पूरी श्रद्धा और शिद्दत के साथ स्थापित किया हो।

2.2 नमाज

यह ईश्वर की आराधना का वैज्ञानिक आधार है। आपने देखा होगा प्रार्थना मूलत: एक प्रकार की साधना है जबकि योग शरीर को चुस्त दुरुस्त रखने की कला। नमाज में अध्यात्म और योग का अनूठा संगम है, जिसकी परिणति तन और मन दोनों की शुद्धि में होती है। मेरे एक मुस्लिम मित्र ने एक बार खुद का अनुभव बताया था कि नमाज के दौरान कई बार उन्हें वे चीजें याद आ जाती हैं जिसके लिए अरसे से परेशान थे।

ईमान की तरह यह भी सतत चलने वाली प्रक्रिया है जो 24 घंटे के पूरे दिन में मनुष्य को 5 अवसर प्रदान करती है। जो इस प्रकार हैं–

फजिर : सूर्योदय के समय
जोहर : सूर्योदय से अपराह्न 4.00 बजे तक
असिर : अपरान्ह 4.00 बजे से सूर्यास्त तक
मगरिब : सूर्यास्त से रात्रि प्रथम पहर तक
इशा : रात्रि प्रथम पहर से अन्तिम पहर तक

अब आप आइए, जीवन के निजी क्षेत्र, सामाजिक या कार्य क्षेत्र में। हर स्थान पर आपको सफलता के लिए ध्यान केन्द्रित कर पाने की कला के साथ ही साथ स्वस्थ और स्वस्फूर्त रहने की कला में पारंगत होना चाहिए। यह न केवल मन एवं स्वस्थ तन की सौगात से जीवन को खुशियों से भर देती है अपितु सफलता को भी आपकी सहचरी बना देती है। अतएव दोनों विधाओं का अनुपालन प्रबन्धन सहित जीवन के हर क्षेत्र में प्रासंगिक है।

2.3 रोजा

हर धर्म में उपवास की महत्ता को परिभाषित किया गया है। यह शरीर के पाचन तंत्र को विश्राम देते हुए आत्मशुद्धि का भी प्रयोजन है। उपवास के सिद्धान्त पर तो राष्ट्रपिता महात्मा गांधी का भी अटूट विश्वास था। इसीलिए इसे इस्लाम में धार्मिक रूप से अंगीकार किया गया है।

आम तौर पर उपवास की पारिभाषित व्याख्या से एक कदम आगे रोजे के अन्तर्गत बुराई से परहेज की व्याख्या की गई है। यह केवल शरीर या पेट का न होकर पूरे अवयव जैसे आँख, कान, जबान सबका होता है। यानी सामने से कोई महिला आ रही हो तो आँख का रोजा, किसी की बुराई करने का मन करे तो कान का रोजा इत्यादि यानी गांधी जी के तीन बन्दर वाली कहावत अर्थात् न बुरा देखो न बुरा सुनो और न बुरा कहो।

एक कहावत अधिक खाकर बीमारी पाल लेने की तुलना में कम खाकर स्वस्थ रहने में ही व्यक्तिगत भलाई है। कम खाओ, सुखी रहो। एक बात और खुद भूखा रहने पर ही आपको दूसरे की भूख का एहसास हो पाएगा। आपकी संवेदनशीलता में अभिवृद्धि होगी। इससे एक तरह से शरीर की आन्तरिक मशीनरी को ठीक-ठाक रखने के साथ ही साथ शरीर को शक्ति प्राप्त होती है।

प्रबन्धन के क्षेत्र में भी दूसरे की कठिनाई को खुद में अनुभव करना, खुद का कम से कम में गुजारा करना, खाने-पीने की आदतों पर नियंत्रण, अपने से कमजोर के दुख में सहभागी बनना आदि वे गुण हैं जो आपको व्यक्तिगत जीवन में सन्तोष, सुख व सफलता तीनों प्रदान करते हैं।

2.4 जकात

यह मूलतः समर्थ (Haves) से असमर्थ (Have nots) के बीच सम्बन्ध का पवित्र रिश्ता है तथा हर अनुयायी के लिए अनिवार्य है। इसके अन्तर्गत का भाव इस प्रकार है कि अपना पैसे का कुछ हिस्सा किसी जरूरतमन्द को दें। साथ ही गलत पैसे से परहेज आदि भी इसमें सम्मिलित है। कुल मिलाकर सन्देश यह है कि आपके दिल से माल की मुहब्बत खत्म हो जाए। मेहनत, ईमान का पैसा ही जायज है और फिर जब सब कुछ उसका ही दिया हुआ है तो फिर उसके जरूरतमन्द बन्दों को एक हिस्सा देने से परहेज या आनाकानी क्यों? भ्रष्टाचार तो दूर की बात, इस्लाम में तो सूद भी हराम है।

कार्य-क्षेत्र में यह भान आपको उदारवादी और दयालु बनाता है। आपके सहयोगियों का आप पर अटूट विश्वास का ऐसा सम्बन्ध उपजाता है, जो सबके लिए हितकारी है। सम्बन्धों में ईमानदारी का इससे सफल नुस्खा हो ही नहीं सकता। बस आपकी नीयत साफ सुथरी होनी चाहिए, आपकी नियति अपने आप सुधर जाएगी।

2.5 हज

यह आखिरी अंग है जो पर्यटन या भ्रमण के साथ ही साथ मेल-जोल का अनोखा तरीका है। इससे न केवल आपकी जानकारी बढ़ती है वरन् ज्ञान के इस आधार पर आपके आत्मविश्वास में भी बढ़ोतरी होती है। हर एक के लिए प्रेम बढ़ता है। इसके अन्तर्गत आप अनिवार्य रूप से नई-नई जगहें देख लेते हैं।

जीवन में भी यह सिद्धान्त बहुत उपयोगी है। खुद को गतिशील रखने से आपका स्वास्थ्य, ज्ञान, आत्म विश्वास सब अपने आप बढ़ता है। जानकारी का आदान-प्रदान (Exchange of information) यह सर्वाधिक सरल उपाय है, जिसमें आपको आनन्द तो प्राप्त होता ही है साथ ही सफलता भी। मनुष्य को अपने सीमित क्षेत्र से बाहर निकलकर दूसरों से मेल मुलाकात, बातचीत, जानकारी प्राप्त करने का प्रयास सदैव करना चाहिए। कुएँ के मेढक बने रहने से व्यक्तिगत विकास सम्भव नहीं। दूसरों के तौर-तरीके, कार्य की जानकारी से आपके पास ज्ञान की थाती आसानी से उपलब्ध होगी जो अन्यथा सम्भव नहीं।

(3) गुरु नानक की नमाज

गुरु नानक बहुत विद्वान, नेक और भले थे। उनके दो परम प्रिय शिष्यों में से एक हिन्दू और दूसरा मरदाना मुसलमान था। नानक धर्म के नाम पर चलाए जाने वाले ढोंग धतूरों के सख्त खिलाफ थे। उनके अनुसार धर्म है मानवता व दीन दुखियों की सेवा का साधन मात्र।

उनके द्वारा भी सच्ची नमाज के पाँच प्रकार की जो व्याख्या की गई वे इस प्रकार हैं :

नमाजे सुबह : सत्य बोलना
नमाजे पेशीन : हक की कमाई
नमाजे दीगर : परमात्मा से सबका भला माँगना
नमाजे शाम : नीयत को साफ और मन को निर्मल रखना
नमाजे खुफतन : परमात्मा के यश की महिमा एवं प्रार्थना।

केवल ऐसे नमाजी ही सच्चे और खुदा के नेक बन्दे हैं–

अव्वल अल्लाह नूर उपाइया, कुदरत ते सभु बन्दे
एक नूर ते सब जग उपजिया, कौण भले को मंदे

(4) नर ही तो नारायण है (बाइबिल प्रसंग)

क्रिश्चियनिटी या ईसाइयत मूलतः पीड़ा, प्रेम और सेवा को समर्पित धर्म है, जिसका प्रत्यक्ष उदाहरण सुदूर ग्रामीण क्षेत्रों में पूरे मनोयोग से अहर्निषं सेवामहे रत वे मिशनरियाँ हैं जो अपने घर, परिवार, व्यक्तिगत इच्छाओं, आकांक्षाओं को तिलांजलि देकर विवेकानन्द के मिशन वाक्य दरिद्र नारायण की सेवा, सुश्रुषा के प्रति समर्पित हैं।

प्रबन्धन के क्षेत्र में तो इस भाव के अभाव में न तो लक्ष्य प्राप्ति सम्भव है और न आन्तरिक सन्तोष।

प्रेरणापुंज बाइबिल के बारे में एक बार स्वयं मार्क ट्वेन ने कहा है–मुझे बाइबिल में वर्णित उदाहरण उतना उद्वेलित करते हैं, जितना मैंने जाना है।

दरअसल बाइबिल के माध्यम से ईश्वर द्वारा उन बातों का सन्देश प्रसारित किया गया है जो मनुष्यमात्र के लिए सार्थक जीवन जीने का सन्देश प्रसारित करती हैं।

4.1 प्रथम सिद्धान्त : सोच और सम्बन्ध
(Attitude & Behaviour)

प्रथम सिद्धान्त मानवीय सोच सम्बन्धों के प्रति समर्पित है। हमारे पारिवारिक, सामाजिक वातावरण में सुचारु, सहज, सरल जीवन जीने की कला का सरलता से सीधा सम्बन्ध है। अतः हमें अपने चरित्र को तदनुसार ढालते हुए सोच को सकारात्मक बनाकर सर्व जन हिताय सर्व जन सुखाय कार्य करने की न केवल कामना बल्कि उसे कार्यरूप में परिणत करने की योग्यता प्राप्त करनी चाहिए।

इसमें मानवीय सम्बन्धों के सिद्धान्त की व्याख्या तो की गई है, लेकिन अवाँछित बारीकियों से परहेज भी किया गया है। इसीलिए यह निर्देश ग्रन्थ (Instruction Manual) या क्या करें, क्या न करें (Dos & DONTs) बनने से बच गई है। हम इन्हें अपने जीवन में समझ और सहेज सकें यही भाव समाहित किया गया है। प्रसिद्ध विद्वान जॉन स्काट के शब्दों में कहा जा सकता है कि जनहित के प्रति समर्पण ही ईश्वर की इच्छा का मूर्त रूप है।

4.2 दूसरा सिद्धान्त : विश्वास (Trust)

हिब्रू 11 : 6 में कहा गया है कि विश्वास के अभाव में ईश्वर को प्रसन्न कर पाना असम्भव है। यदि आप दीन, दुखी की सहायता को तत्पर हैं तो ईश्वर आपको सदैव मार्गदर्शन प्रदान करेगा (Isaiah 58 : 6–12)। दूसरे शब्दों में यदि हमारा इरादा (Motive) और लक्ष्य (Objective) सही है तो मार्गदर्शन भी अवश्य प्राप्त होगा। इसका उदाहरण साइकिल चलाने के माध्यम से दिया जा सकता है। यदि आप सही दिशा में चल रहे हैं तो स्टीयरिंग (Steering) अपने आप इसकी सुध ले लेगा।

इस पर एक प्रसंग है, जान केनिघ मृतप्रायों के निवास (The House for the Dying), कलकता पहुँचकर सेवा कार्य करने की भावना के साथ मदर टेरेसा के समक्ष प्रस्तुत हुए और कहा–मैं आपके लिए क्या कर सकता हूँ?

कनिघ ने यह प्रश्न अपने शेष जीवन के श्रेष्ठ एवं सार्थक उपयोग हेतु अपने अन्तर्मन से प्रकट किया था।

मदर टेरेसा ने कहा–प्रार्थना करो कि मैं भी अपने लिए यह जान सकूँ।

नहीं, मैं यह नहीं कर सकूँगा–वे आश्चर्यचकित थे।

मदर टेरेसा ने कहना जारी रखा–**Clarity is the last thing you are clinging to and must let go अर्थात् स्पष्टता वह अन्तिम सोच है जिसे तुम्हें त्यागना पड़ेगा।**

केनिघ ने बाद में कहा कि–मदर को वह स्पष्टता थी, जो उन्हें नहीं थी।

मदर टेरेसा ने कहा—मुझे भी कभी स्पष्टता नहीं थी। जो मुझे हमेशा से था वह था विश्वास। इसलिए मैं प्रार्थना करूँगी कि तुम्हें भी यही प्राप्त हो।

कई बार जब हम पीछे मुड़कर देखते हैं तो पाते हैं कि कठिन क्षणों में ईश्वर के प्रति विश्वास ने ही हमारा मार्गदर्शन कर सही रास्ता दिखाया है।

4.3 तीसरा सिद्धान्त : बुद्धि (Intelligence)

ईश्वर ने कहा है कि मैं तुम्हें निर्देश और शिक्षा दोनों प्रदान करूँगा। मैं साहस भी प्रदान करूँगा और फिर तुम्हें देखूँगा। घोड़े या खच्चर के समान न बनो जिनमें समझ नहीं है और वे लगाम के माध्यम से संचालित होते हैं (Psalm 32 : 8, 9)।

चाइना मिशन के संस्थापक हडसन टेलर ने कहा है कि अपनी युवावस्था में जब उन्होंने काम आरम्भ किया तो चीजें अपने आप आगे बढ़ने लगीं। यह ईश्वर का ही निर्देश था। जब मैं आगे बढ़ा तो ईश्वर ने मुझे और अधिक जिम्मेदारियाँ दीं। बाद के वर्षों में जब उन्होंने अनेकों मिशनरी की स्थापना कर ली तो उन्हें यह मार्ग निर्देशन कम होता चला गया। यह मात्र इसलिए कि बाइबिल के प्रति उनकी समझ और बुद्धि दोनों में परिपक्वता आ गई थी। बच्चे जब छोटे होते हैं, तो हम उन्हें सही और गलत की समझ देते हैं। बाद में बुद्धि विकसित होने पर वे स्वयं सही निर्णय लेने लगते हैं।

कैनवास पहल (Canvass approach)

दूसरे शब्दों में प्रकृति ने हमें विस्तृत कैनवास प्रदान किया है जिसमें हमें कुछ सार्थक और सुन्दर संरचना कर पाने की सुविधा प्राप्त है। कई बार हम इसलिए कुछ नहीं कर पाते हैं क्योंकि उसने हमें भूमिका (Script) प्रदान नहीं की। यह अनुचित है। वास्तव में ईश्वर ने हमें ज्ञान

तथा बुद्धि की सम्पदा प्रदान की है, ताकि हम अच्छा और सच्चा मार्ग ढूँढ़कर उस पर चल सकें।

4.4 अवसर का सदुपयोग (Avail Opportunity)

एक छोटा सा प्रसंग है। स्वप्नदर्शी पीटर एक सपना देख रहा है कि वह एक जेल में है। एक परी उसे आकर जगाती है। उसकी बेड़ियाँ टूट जाती हैं। इसे अध्यात्म से भी जोड़ सकते हैं कि जब आप आध्यात्मिक ज्ञान प्राप्त कर लेते हैं तो अज्ञान और मोहरूपी बेड़ियों से छूट जाते हैं।

पीटर उन परियों का अनुसरण करता है, यह जाने बगैर कि वह जेल से कैसे छूटा और कहाँ जा रहा है। जब वह जेल के द्वार पर पहुँचता है तो दरवाजा अपने आप खुल जाता है। वह चलता रहता है, यहाँ तक कि कारिडोर के अन्तिम छोर तक पहुँच जाता है। तभी अन्तिम द्वार भी खुल जाता है। फिर आता है जेल का मुख्य भारी द्वार। जब वह वहाँ पहुँचता है तो उसे भी स्वयं के लिए खुला पाता है।

कहानी समाप्त हुई, लेकिन इस कहानी में एक सन्देश छुपा है कि द्वार तब तक नहीं खुलते जब तक हम उन तक पहुँचते नहीं।

हम समय से पूर्व घटनाओं के जानकार होना चाहते हैं। इसकी कोई आवश्यकता नहीं। आवश्यक है सही समय पर वांछित या चाहे गए द्वार का सही समय पर खुलना। लेकिन यदि हम इस द्वार तक पहुँच जाएँ और वह न खुले तो सोचना चाहिए कि ईश्वर ने क्यों हमें प्रतीक्षारत रखा। क्या वह हमसे कोई अन्य कार्य करवाना चाहता है या फिर हमारी दिशा बदलना चाहता है। ऐसा न हो कि बन्द द्वार पर व्यर्थ ऊर्जा व्यय करके हम दूसरे खुले द्वार का भी अवसर गँवा दें।

कई बार हैंडल को खड़खड़ाना (Rattle) करना जरूरी होता है पर यह नहीं कि आप उसे लात मारकर तोड़ ही दें। वह सही समय पर ही खुलेगा। हमारा उत्तरदायित्व है कि विश्वास के साथ प्रतीक्षा करें। द्वार खोलना उस पर छोड़ दें।

4.5 करें निवेदन, निर्देशित नहीं (Request, Don't Direct)

जीवन में निवेदन आवश्यक है, लेकिन निर्देश अनावश्यक। ईश्वर को निर्देश न दें। उसे बताते रहें। उसका सन्देश किसी भी तरह आ सकता है। जब आएगा तो वह आभायुक्त होगा और आप अपने आप समझ जाएँगे। इसे शब्दों में नहीं समाया जा सकता। हमें सिर्फ अपने मन और मानस को पूरी निष्ठा व श्रद्धा के साथ तदनुसार तैयार रखना चाहिए।

(5) जैन दर्शन का णमोकार मंत्र

पंच मंत्र :

- **णमो अरिहंताणं यानी अरिहंतों को नमस्कार**
- **णमो सिद्धाणं अर्थात् सिद्धों को नमस्कार**
- **णमो आयरियाणं यानी आचार्यों को नमस्कार**
- **णमो उवज्झायाणं अर्थात् उपाध्याओं को नमस्कार**
- **णमो लोए सव्वसाहूणं यानी सर्व साधुओं को नमस्कार**

यह मंत्र पाँच पापों का नाश करने वाला है तथा मंगलों में पहला मंगल है। जैन दर्शन में इस मंत्र का सर्वाधिक महत्त्व है। प्रार्थना के समय किसी व्यक्ति के प्रति वन्दना न होकर यह मूल्य के प्रति सम्मान है। इसमें किसी देव या विभूति को नमस्कार न करते हुए उनके गुणों को नमस्कार किया गया है, जो मानव जाति के लिए आवश्यक है। उत्तम प्रबन्धक भी वही होता है जो अपना लक्ष्य उच्चतम गुणों को हासिल करने से ही प्राप्त करता है।

पंच वर्ग

5.1 अरिहंत

यह दो शब्द अरि एवं हंत के समन्वय से बना है। अरि अर्थात् शत्रु एवं हंत अर्थात् उन्हें समाप्त करने वाला। यहाँ शत्रु का अर्थ मानवीय

दुर्गुणों जैसे क्रोध, लोभ, मोह, अहंकार व धोखे के रूप में किया गया है। आत्मा केवल इन दुर्गुणों का परित्याग करने पर ही शुद्ध होती है और तभी आदमी अरिहंत कहलाए जाने का अधिकारी होता है।

इसलिए इस मंत्र में पहला नमन उन महान आत्माओं के प्रति है जिन्होंने सभी दुर्गुणों पर विजय प्राप्त करते हुए उच्चतम अवस्था प्राप्त की है, जिन्हें अरिहंत कहा गया है। एक प्रबन्धक के लिए यह अत्यावश्यक है कि वह अन्तिम लक्ष्य के रूप में सफलतम व्यक्तियों के उन गुणों को प्राप्त करने की कोशिश करे जिनके द्वारा वे अपने जीवन में उच्चतम स्थिति को प्राप्त कर चुके हैं। इस मंत्र में केवल अरिहंतों, सिद्धों, उपाध्यायों, आचार्यों एवं साधुओं की साधना की गई है। वैराग्य या परित्याग की अन्तिम परिणति साधु रूप में होती है।

5.2 सिद्ध

दूसरा नमस्कार सिद्धों के प्रति है जो कि अरिहंत से पूर्व की अवस्था है। इस तरह यह मंत्र ऐसी सीख देता है कि जीवन में अपना लक्ष्य छोटा नहीं रखना चाहिए और इसी से व्यक्ति या प्रबन्धक सही मार्ग पर चल सकता है।

किसी भी मनुष्य के लिए अपने जीवन के उच्चतम आदर्श प्राप्त करने के लिए इस मंत्र से प्रेरणा मिलती है और इस प्रकार यह मंत्र प्रबन्धन के मार्ग में सफलता की सीढ़ियों पर अग्रसर होने के लिए गुरुमंत्र बन सकता है।

अगले तीन नमस्कार उनके प्रति हैं जो हमारे समक्ष मौजूद हैं एवं जिनके मार्ग निर्देशन में हम कार्य करते हैं।

5.3 आचार्य

तीसरा नमस्कार आचार्यों के लिए है जो ऐसे व्यक्ति विशेष हैं जिन्होंने जो भी ज्ञान प्राप्त किया है उसका अपने आचरण में उपयोग किया है। उनकी कथनी और करनी में कोई भिन्नता नहीं है। एक

प्रबन्धक को अपने संस्थान के ऐसे वरिष्ठ साथियों का अनुसरण करना चाहिए जो सफलता को प्राप्त हो चुके हैं।

5.4 उपाध्याय

चौथा नमस्कार उपाध्यायों के लिए है जिन्होंने ज्ञान की प्राप्ति की है और उसका उपदेश देते हैं। एक प्रबन्धक के लिए वही आदर्श स्वरूप होते हैं जो प्रबन्धन में अपनी व्यक्तिगत सफलता के साथ दूसरों का मार्ग दर्शन भी करते हैं।

5.5 साधु

अन्तिम नमस्कार उन सभी साधुओं के प्रति है जिन्होंने जीवन में आगे बढ़ने के लिए कदम उठाने का दृढ़ निश्चय करते हुए कदम उठा लिया है अर्थात् एक प्रबन्धक को अपने निकटतम सहयोगियों और साथियों की सलाह लेते हुए कार्य करना चाहिए जो आपसे दो कदम आगे बढ़ चुके हैं।

दीक्षा के समय साधु 5 प्रतिज्ञा करते हैं जो निम्नानुसार हैं–

पाँच सिद्धान्त :

- ✓ **अहिंसा (Non-violence) का अधिग्रहण**–किसी भी प्रकार की हिंसा से पूर्ण परहेज। अहिंसा सबसे बड़ा गुण (virtue) है।
- ✓ **सत्य (Truth) के प्रति समर्पण**–किसी भी प्रकार के झूठ से नितान्त दूर। सत्य बोलने वाला व्यक्ति माँ के समान विश्वस्त एवं वचनप्रिय सा पूजनीय (Venerable like preceptor) एवं सम्बन्धी के समान सर्वप्रिय हो जाता है।
- ✓ **अस्तेय**–चोर भाव का पूर्ण परित्याग, यहाँ तक कि चोरी से प्राप्त वस्तुओं के दान से भी परहेज। मिलावटखोरी, कम तौलना इत्यादि भी इसी श्रेणी में आते हैं।
- ✓ **ब्रह्मचर्य व्रत का पालन**–किसी भी इन्द्रिय सुख से सरोकार रहित।

✓ **अपरिग्रह–**यानी केवल उतना भर स्वीरकारना जिससे दैनिक जीवन चलायमान या गतिशील रह सके। धन संग्रह वर्जित। भगवान महावीर ने कहा है कि किसी वस्तु का स्वामित्व भी परिग्रह का एक प्रकार है। वस्तु मोह से ऊपर उठना ही है अपरिग्रह।

उपरोक्त वर्णित सिद्धान्त किसी भी प्रबन्धन के क्षेत्र के लिए अनुपालन के सर्वश्रेष्ठ सिद्धान्त हैं। आखिरकर किसी भी संस्थान में सबसे विशेषकर उच्च प्रबन्धक से यह अपेक्षा की जाती है कि वह व्यक्ति राग, द्वेष, मद, मोह, क्रोध एवं अहंकार से ऊपर हो। सबका ध्यान ज्ञान के सतत वर्धन की ओर होना चाहिए। जब तक व्यक्ति, समाज या संस्थान सिद्धान्त आधारित नहीं होगा वह न तो सफल हो सकेगा और न लम्बे अरसे तक चल पाएगा।

जैन दर्शन में साधु तो चरित्र के सर्वोच्च आसन पर होता ही है, पर समाज–जन के लिए भी जीवन पद्धति तय की गई है जिसमें अहिंसा, अपरिग्रह, अस्तेय, सत्य के प्रति आग्रह है। इससे आदमी का मन अहंकार के भाव से ऊपर उठकर सहयोगियों के लिए समर्पित हो जाता है।

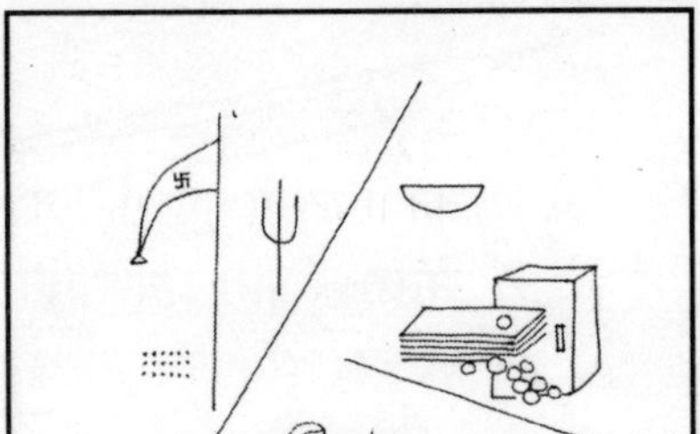

पेंसिल का प्रबन्धन

(Pencil's Management)

हम सबने बचपन से लिखने के लिए पेंसिल का प्रयोग किया है और यदि ठीक से याद हो तो पहले इनके पिछले भाग में रबर का एक छोटा सा टुकड़ा (Eraser) भी लगा होता था ताकि यदि गलती से कुछ गलत लिख गया हो तो उसे मिटाकर गलती को दुरुस्त कर लिया जा सके। स्लेट पर लिखा स्थायी नहीं होता। वह कुछ समय बाद खुद ब खुद मिट जाता है। स्याही से लिखा ठीक नहीं किया जा सकता। जबकि पेंसिल का लिखा न तो पूरी तरह अस्थायी कि ठीक ही न किया जा सके और न तो इतना स्थायी कि फिर दुरुस्त न किया जा सके।

यही पेंसिल से सीखे जा सकने वाले जीवन या प्रबन्धन का दर्शन है। आदमी इतना भी लचीला ढुलमुल न हो कि दूसरे जब चाहें उसकी बात को हवा में उड़ा दें और न इतना अकड़ू या अहंकारी कि उसमें सुधार की गुंजाइश ही समाप्त हो जाए। दरअसल दोनों के समन्वय से ही सन्तुलित व्यक्ति का निर्माण होता है। जहाँ जरूरत हो लचीलापन बनाए रखें और सिद्धान्त की बात हो तो डटे भी रहें।

उसूलों पर आँच आए तो टकराना जरूरी है,
और जो जिन्दा हो तो जिन्दा नजर आना जरूरी है।

आइए, इन पेंसिल के अगले गुणों की ओर बढ़ते हैं। जो अपने अस्तित्व को भी अच्छे प्रयोजन के लिए दाँव पर लगा दे, अपने अहं को

तिरोहित कर सके, खुद कष्ट सहन कर भी दूसरों के काम आ सके, अच्छे काम के निष्पादन के लिए खुद को दूसरों के हाथ में सौंप दे, उसी को कहते हैं पेंसिलनुमा व्यक्तित्व।

पेंसिल का जब आविष्कार हुआ तो उसके आविष्कारकर्ता ने उसे पाँच सिद्धान्तों की जिम्मेदारी निभाने का वचन लेकर समाज को सौंपा।

1. पहली यह कि तुम बहुत अच्छा काम कर सकोगी बशर्ते तुमने खुद के प्रचार की चाह को त्यागकर अपना अहं तिरोहित करते हुए स्वयं को पूरे समर्पण तथा निष्ठा के साथ उपयोग किए जाने वाले के हाथों में सौंपा होगा। क्योंकि उसे स्वयं की आवश्यकता और तुम्हारी उपयोगिता की जानकारी तुमसे अधिक है।
2. अच्छा, बेहतर और उससे भी अच्छा बन पाने के सिद्धान्त के साथ महसूस करते हुए तुम्हें हर बार छीले जाने से उत्पन्न दुख तथा कष्टपूर्ण मार्ग से गुजरने की क्षमता का विकास अपने अन्दर करना होगा तभी तुम दूसरों को हर बार कुछ नया, सुव्यवस्थित, सुघड़ तथा सुन्दर दूसरों को दे पाओगी।
3. तुम्हें अपने अन्दर अपनी गलतियों को पहचानकर उनमें सुधार ला सकने का भाव, क्षमता व सामर्थ्य पैदा करना होगा।
4. एक और जो अच्छाई तुमसे अपेक्षित है तथा जिसमें तुम्हें खरा उतरना होगा वह यह कि तुम अन्तस का श्रेष्ठ प्रकट करके उसे दूसरों के हित में उपयोग कर सको। ऐसा करने पर ही तुम्हारी क्षमता का दोहन हो सकेगा। तुम्हें अन्दर बाहर का अन्तर मिटाना होगा।
5. और एक आखिरी बात कि तुम्हें जहाँ भी जैसे भी उपयोग किया जाए तुम अपने निशान वहाँ अवश्य छोड़ोगी। स्थिति चाहे सरल हो या कठिन तुम्हें अपने कार्य में सतत लगे रहना होगा ताकि तुम दूसरों को कुछ दे सको।

पेंसिल ने इस सन्देश को न केवल सुना व समझा बल्कि अपने अन्तस में पूरी ईमानदारी के साथ उतारा और फिर यहाँ से जनहित का यही सन्देश सबकी सेवा का सोपान बना।

अब आइए देखें प्रबन्धन के क्षेत्र में नेतृत्व के इन 5 गुणों का हम सारगर्भित व सार्थक उपयोग करना चाहें तो बात यूँ बनेगी।

1. आप अपने जीवन में कई बड़े और महान कार्य कर सकते हैं लेकिन केवल उसी स्थिति में जब आप अपने पैसे, पद का लोभ मोह त्यागकर अपने अहंकार से निजात पाकर खुद के सार्थक उपयोग की छूट दूसरों को लेने का अधिकार प्रदान करें। आपका यही विनम्र कदम खुद को खुद के हाथों सौंपने के समकक्ष है। ईश्वर ने जब आपको अनुपम, विलक्षण एवं अदभुत गुणों के साथ इस धरती पर भेजा तो केवल इसी सन्देश के साथ कि मेरे इस सारगर्भित सन्देश को जन-जन तक पहुँचाने का उत्तरदायित्व आपके कंधे पर है।

   एक पल को सोचिए आप क्या हैं तब आप पाएँगे कि आप तो केवल माध्यम मात्र हैं तो फिर ईश्वर और उसकी कृतियों के बीच सेतु बनें, अवरोध नहीं। ऐसा होते ही लोग आप में ईश्वर का स्वरूप देखने लग जाएँगे।

2. ऐसा करते समय आपको कई बार असुविधाजनक एवं कष्टपूर्ण स्थितियों से भी गुजरना पड़ेगा। पर वे अपनी ताकत ही देंगी। सरल व आसान मार्ग पर चलने में वह सुख नहीं, जो सुख ऊबड़-खाबड़ मार्ग पर चलने से प्राप्त होता है। क्योंकि तब आपको न केवल अपनी वास्तविक शक्ति का अनुभव होता है, बल्कि आगे के लिए भी और मजबूत बनाता है।

   प्रसिद्ध पुरुष इसी संघर्ष पथ पर चलकर महान बने। सुविधावादी तो सुविधा के सागर में खोकर डूब गए। आज उनका कोई जिक्र किसी दस्तावेज में नहीं है।

3. अपनी गलती को स्वीकार करते हुए उसमें सुधार करना महान आदमी का गुण है। हर आदमी अपनी अच्छाइयों और कमियों का मिला-जुला रूप होता है। सफलता के लिए आवश्यकता तो सिर्फ इस बात की है कि वह अपनी अच्छाइयों में अभिवृद्धि करे तथा बुराइयों को समझते हुए उनमें सुधार करे।

    अपनी कमियों या गलतियों को स्वीकारने से आदमी का कद समाज में घटता नहीं, बढ़ता ही है। गलती समझकर भी न सुधरने से आपका अहित ही होना है, क्योंकि तब आप अपनी आत्मा पर अपनी गलतियों का बोझ उठाकर आगे का सफर जारी रखने से आपकी गति व मति दोनों धीमी होने लगती है।

    ईसाई धर्म की सबसे बड़ी विशेषताओं में से एक यह भी है कि आदमी अपनी गलतियों को पादरी के समक्ष स्वीकार (Confession) करता है। इससे उसके जमीर पर पड़ा पत्थर अपने आप हट जाता है तथा सफलता के मार्ग की ऊर्जा की माया सुख हो जाती है।

4. पारदर्शिता यानी अन्दर बाहर एक समान होने से आपकी जनमानस में आपकी छवि सहज, सरल तथा सबकी पहुँच के दायरे में होती है। मुखौटे के साथ जिया गया जीवन कृत्रिम, असहज तथा अस्वाभाविक होता है। क्योंकि उस दशा में आप दूसरों के साथ नहीं बल्कि खुद अपने साथ धोखा कर रहे होते हैं। जब जीवन को सरल तरीके से जी सकने का नुस्खा आपको अपने पास है तो फिर क्यों कठिनाई भरा कृत्रिम जीवन जिया जाए।

5. पाँचवाँ सिद्धान्त है कि आप जहाँ भी जिस स्थिति या पद पर भी काम कर रहे हों उसकी परवाह किए बगैर केवल समय की शिला पर अपनी छाप छोड़ने की प्रतिज्ञा करें।

मशहूर संगीतकार विथोवन ने एक बार कहा था कि– काम कोई भी छोटा या बड़ा नहीं होता बल्कि उसे करने वाला काम को महान बनाता है। याद करिए गांधीजी जितनी ईमानदारी से देश की समस्याएँ सुलझाते थे, उसी शिद्दत से अपनी बकरी का दूध दुहते थे। यही था उनका काम के प्रति समर्पण जिसके तहत वे अजर, अमर, अविनाशी रूप में अपनी उपस्थिति दर्ज करा सके।

यही है पेंसिल जैसी साधारण दिखने वाली वस्तु से प्रबन्धन का महत्त्वपूर्ण पाठ, जो प्रबन्धन के क्षेत्र में सफलता का अचूक सूत्र बन सकता है बशर्ते हम इसका सही स्वरूप समझकर जीवन में उतार सकें।

प्रबन्धन का देह विज्ञान

(Anatomy of Management)

प्रबन्धन में सफलता का शर्तिया फार्मूला संसाधन नहीं इनसान है, जो किसी भी संस्थान में अलग-अलग रूप, रंग, उम्र, कद, काठी, शिक्षा व शरीर के होते हुए भी उसे एक इन्द्रधनुष जैसा सतरंगी मनमोहक स्वरूप प्रदान करते हैं। इनके आपसी सहयोग, सामंजस्य व सद्भावनापूर्ण संयोजन से एक ऐसे गुलदस्तेनुमा रूपी सुगठित समूह का स्वरूप उभरता है, जिसमें हर एक को अपनी सुन्दरता, सुगन्ध सहित प्रतिभा दिखाने का पूरा अवसर प्राप्त होता है।

समूह में हर एक की अपनी विशिष्टता होती है और जब नेतृत्व उसे अपनी प्रतिभा खुलकर दिखाने के लिए प्रेरित करता है तो एक ऐसा माहौल बन जाता है जिसमें समूह की शक्ति कई गुना बढ़कर कठिन से कठिन कार्य को भी सरल से सरल बना देती है। दरअसल वातावरण ही वह जादू है जो सबके सिर चढ़कर बोलता है।

इसी बात को और अच्छी तरह से हम अपनी देह या शरीर के माध्यम से समझ सकते हैं। ईश्वर ने हमारे सारे अवयवों का निर्माण उनकी आवश्यकता के अनुसार अलग-अलग किया और फिर एक देह में इस तरह समायोजित किया कि उसने हमारे शरीर का स्वरूप धारण कर लिया, जिसमें हर अंग अपनी आवश्यकता तथा उपयोगिता के हिसाब से सहयोग दे रहा है।

शरीर एवं उसके अनुरूप प्रबन्धन को हम कार्य विभाजन के अनुसार 5 भागों में विभाजित कर सकते हैं।

1.	सिर	Brain	संचालक मंडल
2.	आँख	Eyes	उच्च प्रबन्धन
3.	भुजाएँ	Arms	प्रत्यक्ष कर्मचारी
4.	पेट	Stomach	अप्रत्यक्ष कर्मचारी
5.	पैर	Legs	सेवा विभाग

(1) प्रथम अंग : सिर यानी बुद्धि :

मनुष्य का प्रथम अंग सिर बुद्धि का केन्द्र है। मनुष्य और पशु में एकमात्र अन्तर केवल बुद्धि का है, जिसकी सहायता से वह चिन्तन, मनन, विश्लेषण कर सकता है। यह उसकी किसी भी गतिविधि का उद्‌गम स्थल है। उसके ज्ञान की गंगा यहीं से प्रवाहित होती है। बुद्धि ही उसे काम की मात्रा, जटिलता से परिचित कराते हुए हल करने या सम्पन्न कराने की नीति, रीति व विधि से परिचित कराती है।

संचालक मंडल (Board of Director)

प्रबन्धन की भाषा में बुद्धि के केन्द्र को संचालक मंडल (Board of Director) कहा जा सकता है, जो किसी भी परियोजना (Project) की परिकल्पना (visualisation) करके असली जामा पहनाने की जिम्मेदारी इसी वर्ग की होती है। यही उसके लम्बी अवधि (Long Term) की सफलता का प्रारूप तय करके संस्था को स्थापित करती है।

इसी के साथ यही वर्ग कम्पनी के मूल्य (Value) एवं संस्कृति (Culture) को तय करता है। उदाहरणार्थ, टाटा समूह का नीतिगत सूत्र है–सबसे मूल्यवान है इनसान। यही वर्ग संसाधनों की आवश्यकतापूर्ति के अतिरिक्त मानव संसाधन के सार्थक उपयोग की दिशा (Guideline) को अन्तिम रूप देकर उच्च प्रबन्धन को सौंपता है।

याद रखिए कम्पनी उद्देश्यों व कार्य प्रणाली को नीतिगत सम्पूर्ण स्वरूप निर्धारित करने के बाद ही उसे संसाधनों सहित सुचारु संचालन हेतु प्रबन्धन को सौंपा जाता है।

(2) दूसरा अंग : आँख यानी हृदय :

शरीर का दूसरा अंग है आँख, जिसके निर्देशन में शरीर के सारे अंग संचालित होते हैं। यह न केवल मस्तिष्क को सारगर्भित व सही समाचार पहुँचाती है बल्कि हृदय के संवेदनशील पक्ष को भी प्रशस्त करती है तथा जरूरत के समय हृदय की संवेदनशीलता को उभारकर मनुष्य धर्म को जीवंत व जाग्रत रखती है। सोचिए अगर आँख न होती तो शरीर का सारा संचार, विचार और विहार तंत्र निष्क्रिय होकर पंगु हो जाता। कहा गया है–आँख है तो जहान है, वरना सब वीरान है।

उच्च प्रबन्धन (Top Management)

अत: उच्च प्रबन्धन भी कर्तव्य है कि वह उच्चतम स्तर पर स्थापित संस्थान की नीतियों से न केवल सबको अवगत कराए एवं उनका क्रियान्वयन (Implementation) भी सुनिश्चित करें। याद रखिए जब तक प्रबन्धन की आँखें खुली तथा सचेत नहीं होंगी। वह धृतराष्ट्र बना रहेगा। जिसकी अन्तिम परिणति केवल शिखर से शून्य में होगी।

दूसरे आँख ही वह साधन है जिसके माध्यम से हृदय संचालित, स्पंदित या द्रवित होता है। आखिरकार दिल व दिमाग दोनों को सटीक, सार्थक व समायोजित जानकारी देकर आँखें उनके अस्तित्व को भी सार्थकता प्रदान करती हैं

मन और मस्तिष्क आदमी के सोच व संवेदना का केन्द्र बिन्दु है। पर इन्हें अन्य अंगों की भाँति देखा नहीं जा सकता, केवल अनुभव किया जा सकता है। अतएव बाहरी जगत से जोड़कर रख पाने का गुरुतर भार केवल आँख ही निभा पाती है। यह अन्दर व बाहर के बीच का वह सेतु

है जिसके माध्यम से आदमी अपनी सारी गतिविधियों को सोच, संस्कार और श्रम के साथ सम्पन्न करता है।

(3) तीसरा अंग : भुजाएँ :

शरीर का सबसे सशक्त अंग उसकी भुजाएँ ही हैं। कहा गया है जिस व्यक्ति की भुजाओं में दम नहीं वह दमदार या वीर नहीं। प्राचीन काल में लम्बी, शक्तिशाली भुजाएँ मनुष्य के शौर्य की प्रतीक थीं। भगवान राम को इसीलिए आजानु भुज भी कहा गया है।

मस्तिष्क के सोच को कार्य रूप में परिवर्तित करने का सारा भार भुजाओं पर ही होता है। ये कठिन से कठिन कार्य का भार भी सहज ही अपने कंधों पर उठाकर तुरन्त सम्पन्न कर देती हैं। यही नहीं, गिरे हुए अर्थात् कमजोर को उठाने का पुनीत कार्य भी यही सम्पन्न करती हैं। किसी दुखी के कठिन पलों में उसके मनोबल व सहारा तथा यही कवच बनती हैं। सम्मान में नमस्कार की मुद्रा भी इन्हीं का प्रतिफल है। समाज, संस्था या कार्यालय में व्यक्ति के मान-सम्मान से लेकर उसे विजय की वरमाला पहनाने तक का कार्य इन्हीं भुजाओं के सामर्थ्य व शौर्य से सम्पन्न होता है।

प्रत्यक्ष कर्मचारी (Direct Workers)

किसी भी संस्थान में कार्य से सीधे व प्रत्यक्ष तौर पर जुड़े व्यक्ति इस श्रेणी में आते हैं। कार्य के आरम्भ से लेकर उसे परिणाम की अन्तिम सीढ़ी तक पहुँचाने का भार इन्हीं के कंधों पर होता है। इसीलिए इन्हें प्रत्यक्ष कर्मचारी के नाम से सम्बोधित किया जाता है। कच्चे माल को सुघड़ता परिश्रम व लगन के साथ पूरी गुणवत्ता व श्रेष्ठता से सम्पन्न करके ग्राहकों को सौंपने का जो सुख प्रबन्धन को प्राप्त होता है, वह इसी वर्ग की निष्ठा का फल है। संस्थान की उत्पादकता, उपादेयता, लाभ प्रदता सब कुछ इन्हीं के प्रयत्नों की समानुपाती होती हैं।

(4) चतुर्थ अंग : पेट यानी पोषणकर्ता :

यह चौथा अवयव निराकार ब्रह्म की तरह अप्रत्यक्ष रूप से शरीर को सहयोग प्रदान करता है। यदि उदर आहार को ठीक से पचाकर उसकी ऊर्जा शरीर को न पहुँचाए तो सारा शौर्य व शक्ति धरी की धरी रह जाएगी। यह तो मातृरूपेण संस्थिता का एक प्रकार तथा शरीर का एक केन्द्र है।

एक बड़ा सुन्दर उदाहरण है। एक बार शरीर के सारे अवयव पेट के प्रति ईर्ष्या से ग्रस्त हो गए।

आँख ने कहा–भोजन तो मैं ढूँढ़ती हूँ।

नाक ने कहा–सूँघकर उसकी उपादेयता मेरी मेहनत का फल है।

पैरों ने कहा–मैं ही दौड़कर उस तक पहुँचता हूँ।

हाथों ने कहा–मैं उसे ग्रहण करके मुँह तक पहुँचाता हूँ।

मुँह ने कहा–मैं ही उसे चबा-चबाकर शरीर को प्रदान करता हूँ।

इस प्रकार सबने अपना-अपना योगदान गिना दिए। सबने सोचा जब समस्त कार्य हम सम्पन्न करते हैं तो फिर भला यह पेट क्या करता है। बगैर कोई उद्यम किए सिर्फ बैठे-बैठे खाता रहता है। अतः इसे क्यों भोजन पहुँचाया जाए।

उस दिन से उदर को आहार की उपलब्धता शून्य कर दी गई। भोजन के अभाव में पेट ने अपना काम करना बन्द कर दिया। कुछ ही घंटों में शरीर शिथिल पड़ने लगा। सारे अंग ऐसे सुस्त हो गए जैसे उनके प्राण समाप्त हो गए हों।

धीरे-धीरे सबको पेट के कार्य की महत्ता समझ में आ गई। मूलतः वही तो सबके परिश्रम का फल उनको दे रहा था, बगैर किसी भेदभाव के।

अप्रत्यक्ष कर्मचारी (Indirect Workers)

अप्रत्यक्ष सेवा जैसे वित्त, सामग्री-प्रबन्धन, मानव संसाधन, चिकित्सा इत्यादि में रत कर्मचारी इस श्रेणी में आते हैं। यह कार्य के

समन्वय, सहयोग व समायोजन को एक सूत्र में बाँधकर न केवल उसे आगे बढ़ाते हैं वरन् उसकी सफलता भी सुनिश्चत करते हैं। यह वह आधार या रनवे है जिस पर चलकर पूरा प्रबन्धन अपनी उड़ान को अन्जाम देता है।

(5) पाँचवाँ अंग : पैर यानी सेवा समूह :

यह अन्तिम छोर पर स्थित अन्तिम अंग है, जो शरीर को आगे-पीछे, ऊपर-नीचे, दाएँ-बाएँ जिस ओर चाहें उस ओर जाने की गति प्रदान करता है। मार्ग कितना ही दुर्गम, ऊबड़-खाबड़, अवरोधों से परिपूर्ण या कठिन हो वे पैर ही हैं, जो आदमी को गन्तव्य तक पहुँचाते हैं। इस प्रक्रिया में भले वे स्वयं लहूलुहान क्यों न हो जाएँ। पैर के अभाव में तो व्यक्ति पंगु हो जाता है। एकदम स्थिर व गति रहित। सारे शरीर का भार उठाए सारे अंगों के साथ निरन्तर चलते रहना उसका प्रारब्ध या नियति है, जिसे यह सहज, सरल रूप से स्वीकार कर आदमी को लक्ष्य की ऊँचाई तक पहुँचाकर ही दम लेता है।

सेवा समूह (Service Group)

संस्थान में कार्य क्षेत्र के प्रवेश द्वार की पहली पायदान पर बैठे लोग इस श्रेणी में आते हैं, जो कार्य का अधिकतम व फल का न्यूनतम प्राप्त करने के बावजूद पूरी निष्ठा से 'अहर्निषं सेवामहे' का मंत्र जाप करते हुए अपने कार्य को अन्जाम देते हैं। अल सुबह दफ्तर का दरवाजा खोलने से लेकर साफ सफाई, सुविधा का उत्तरदायित्व सारे दिन सतत निभाते हुए सब के बाद सबसे आखिर में ही ये घर जा पाते हैं। सारे दिन चकरघिन्नी बने रहकर भी ये अपनी सेवा उतनी ही मुस्तैदी से प्रदान करते हैं, जिसका कोई दूसरा उदाहरण कहीं और उपलब्ध नहीं।

इनका दीक्षा मंत्र ही है—श्रम से बड़ा कोई कर्म नहीं और सेवा से बड़ा कोई धर्म नहीं। दरअसल ये नींव के पत्थर हैं।

हमारे पूर्व प्रधानमंत्री श्री लालबहादुर शास्त्री बहुत सरल, सीधे और सच्चे इनसान थे। एक बार किसी ने उनसे पूछा—आप इतने उच्च पद पर रहकर भी प्रशंसा, प्रचार से इतना परहेज क्यों करते हैं?

तब शास्त्री जी ने बहुत सटीक उत्तर दिया—मित्र तुमने ताज महल देखा है। यह दो प्रकार के पत्थरों से मिलकर बना है। पहले हैं सुन्दर व सुघड़ जैसे मेहराब, कंगूरे, दीवारें इत्यादि जो भवन को भव्यता प्रदान करते हैं। और दूसरे हैं ऊबड़-खाबड़ नींव के पत्थर जो प्रदर्शन से दूर अपने कंधों पर ताज को टिकाए हुए हैं। इन्हें न कोई जानता है, न पहचानता है और न पूछता है। पर इनका योगदान सर्वविदित है। बन्धु मेरा सुख नींव का पत्थर बना रहने में है, जो न केवल दूसरों के लिए जीते हैं, बल्कि परहित में अपना जीवन दान कर देते हैं।

संस्थान का यह वर्ग नींव के पत्थर की श्रेणी में आता है। किसी भी प्रबन्धन का यह नैतिक दायित्व है कि वह इनकी सेवाओं का सही मूल्यांकन करते हुए इनकी आवश्यकताओं और भावनाओं का पूरा ध्यान रखे। लगभग वैसा ही जिसकी कल्पना **महात्मा गांधी ने अपने ताबीज नामक मूल मंत्र में की है—कि जब आप किसी दुविधापूर्ण स्थिति में निर्णय न कर पा रहे हों तो समाज के अन्तिम छोर पर खड़े आदमी को ख्याल में लाते हुए यह सोचिए कि जो काम आप करने जा रहे हैं इससे उसका हित होगा या अहित। तब उत्तर आपको स्वयमेव मिल जाएगा और दुविधा समाप्त हो जाएगी।**

सामंजस्य का सिद्धान्त *(Theory of Harmony)*

शरीर के इसी सामंजस्य, सहयोग व संवेदनशीलता में प्रबन्धन का सबसे बड़ा सूत्र समाहित है। मान लीजिए चलते समय पैर में आपको अचानक काँटा लग जाता है तो उस दर्द का सबसे पहला अनुभव आपका हृदय करता है, आँखों के माध्यम से। याद रखिए आँखें शरीर के दूसरे सिरे व सर्वाधिक दूरी पर हैं पर वही संवेदना का सर्वप्रथम वाहक बनती हैं।

यही भाव उच्च प्रबन्धन का होना चाहिए कि अन्तिम छोर पर कार्यरत कर्मचारी के दर्द की अनुभूति उच्चतम स्तर पर बैठा स्वयं करे और तभी वह बात बनेगी जो न केवल अनूठी व निराली होगी वरन् संस्था को एक सूत्र में बाँधकर रखेगी।

और तब मस्तिष्क इस संवेदना संस्कार की आज्ञा का पालन करते हुए हाथों को काँटा निकालने का आदेश प्रदान करता है। हाथ तुरन्त हरकत में आते हुए बगैर समय गँवाए काँटा निकालकर दर्द निवारण के प्रयोजन में जुट जाते हैं। यह समस्या का त्वरित समाधान है।

और तत्पश्चात क्रम आता है लम्बे अरसे के समाधान का। आगे कोई अन्य जटिलता न हो तो इसके लिए मुख के माध्यम से पेट को दवाई पहुँचाई जाती है जो उसे पूरे शरीर में प्रवाहित कर देता है। यह दर्द मुक्ति का विनम्र प्रयास है तथा कालान्तर में खतरा टालने का उपाय दोनों हैं।

यही है प्रबन्धन में शरीर विज्ञान का दर्शन। उस परम पिता ने सारे अंगों को संवेदना के ऐसे सूत्र में बाँधा है कि कष्ट या कठिनाई के क्षणों में सब एक दूसरे के लिए बेचैन होकर उसके निवारण की दिशा में 'एक में अनेक और अनेक में एक' की भावना स्वीकार करते हुए जुट जाते हैं ताकि राह–ए–कदम न थकते हुए निरन्तर लक्ष्य की ओर अग्रसर होते रहें।

यह प्रबन्धन में ईश्वर की पाठशाला का पहला पाठ है। निम्न मध्यम, उच्च, प्रत्यक्ष, अप्रत्यक्ष सब एकजुट होकर सुख–दुख में सहभागी हों। जब तक पद का पायदान संवेदनाओं को जोड़ने का काम नहीं करेगा तब तक कार्य में कभी भी लगन, निष्ठा व समर्पण के दर्शन नहीं होंगे।

एकता में शक्ति है। इसे नेतृत्व व समूह दोनों के द्वारा समझा जाना नितान्त आवश्यक है, इसके लिए अन्तस में झाँकना बेहद जरूरी है। आदमी का स्वयं से बड़ा कोई शिक्षक नहीं हो सकता।

जब तक शीर्ष पर बैठा व्यक्ति अन्तिम सीढ़ी पर बैठे व्यक्ति की व्यथा को स्वयं की व्यथा समझते हुए उसके निराकरण का प्रयास नहीं

करेगा, तब तक सारा प्रबन्धन नीरस, शुष्क व किताबी बनकर रह जाएगा। जिसे भविष्य में मुगालते की दीमक चट कर जाएगी।

शीर्ष के आगे बढ़ते ही तुरन्त संस्था के सारे अंग मिशन की कामयाबी में जुट जाएँगे और तब संस्था कागजी या नीरस न रहकर एक ऐसे परिवार का स्वरूप ग्रहण कर लेगी जो अत्यन्त सुन्दर, सुखद व आह्लादकारी होगा। तब भाईचारे व प्रेम के समायोजन एवं योगदान द्वारा जो परिणाम प्राप्त होंगे वे अपेक्षा से कई गुना अधिक होंगे

यही है शरीर विज्ञान का सिद्धान्त जो न केवल प्रबन्धन अपितु व्यक्तिगत जीवन में भी सफलता की कुंजी है।

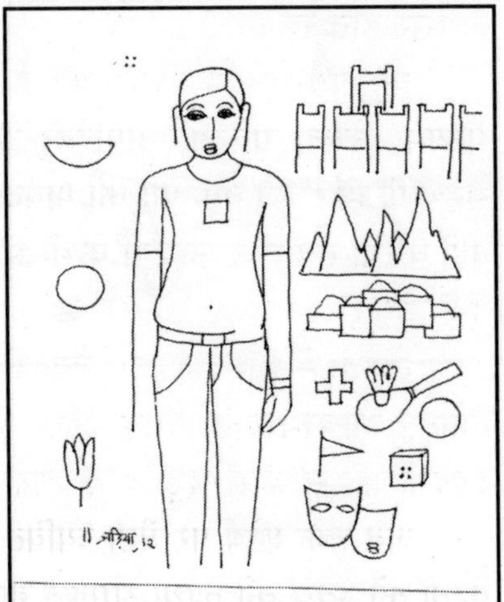

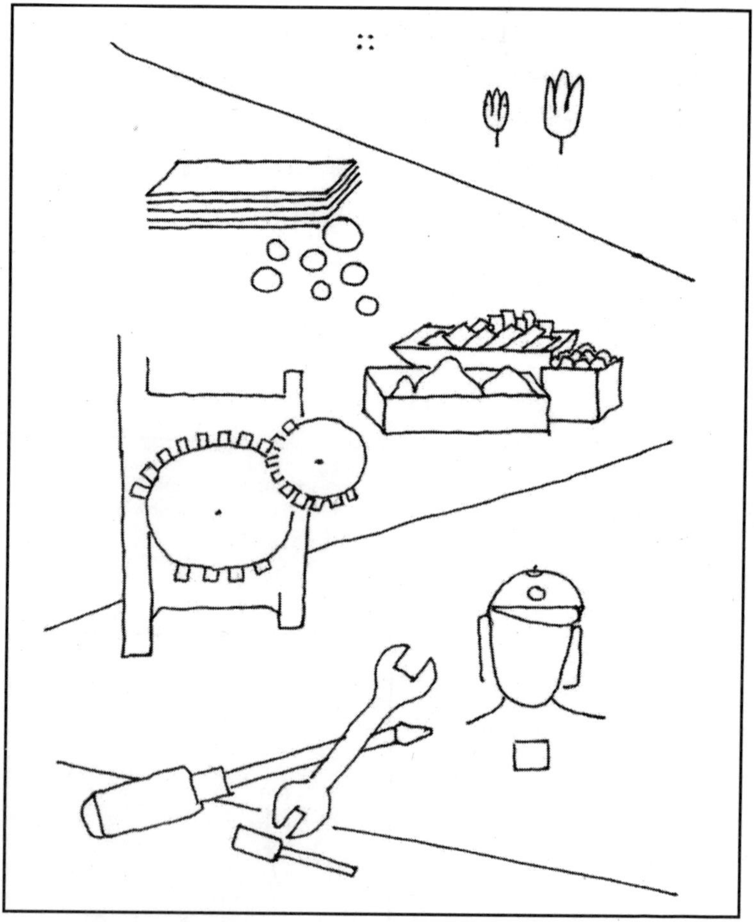

संसाधनों का सदुपयोग

(Utilization of Resources)

किसी भी औद्योगिक संस्थान के आधारभूत स्तम्भ हैं केवल पाँच, जिन पर उसकी सुचारुपूर्ण कार्य प्रणाली व सफलता टिकी रहती है। ये स्तम्भ न केवल उसके स्थायित्व को सुनिश्चित करते हैं बल्कि उसके होने के प्रयोजन को भी सार्थक करते हैं। इनमें से हर एक का अपना एक अलग एवं विशिष्ट महत्त्व है जिसके बिना लक्ष्य पूर्णता की मंजिल तक नहीं पहुँचाया जा सकता। ये बात और है कि हर अवयव अपनी जगह महत्त्वपूर्ण तो है लेकिन उसकी उपयोगिता या महत्ता में कमोबेश आनुपातिक रूप से फर्क हो सकता है।

किसी भी प्रबन्धन की सफलता की प्रथम शर्त ही यह है कि संसाधनों को उनकी क्षमता तथा उपयोगिता के हिसाब से न केवल योगदान की अनुमति दे, अपितु उनका सर्वश्रेष्ठ अपने संस्थान के हित में उपयोग करें

आइए, एक नजर डालते हैं इस पर :

1.	मुद्रा	Money
2.	माल	Material
3.	मशीन	Machine
4.	मेथड	Mathod
5.	मानव	Man

(1) मुद्रा (Money)

मुद्रा को संस्कृत में अर्थ कहा गया है और जैसा कि कहा गया है– बिना अर्थ सब व्यर्थ। जीवन का कोई भी अंग देख लीजिए हर जगह पैसे की आवश्यकता पड़ती है। यह सेवा, सामग्री या कार्य के विनियोजन का एक मात्र साधन है।

प्राचीन काल में जब मुद्रा का प्रचलन नहीं हुआ था तब सम्पूर्ण सामाजिक व्यवस्था वस्तुओं के आदान–प्रदान पर टिकी थी, लेकिन वह व्यवस्था न केवल बेहद कष्टकारी तथा जटिल थी वरन् समय भी अधिक लेती थी। मुद्रा के आविष्कार ने सारी समस्याएँ हल कर दीं।

किसी भी कार्य को आरम्भ करने की प्रथम पायदान ही है मुद्रा। जरूरी नहीं कि ये सदा संस्थान की जेब में हो और ऐसी स्थिति में उधार का सहारा लिया जाता है। प्रसिद्ध अर्थशास्त्री श्री आबिद हुसैन को, जो कालान्तर में अमेरिका में भारत के राजदूत भी रहे एक बार चर्चा के दौरान सुनियोजित अर्थ प्रबन्धन पर सुनने का सुअवसर मुझे प्राप्त हुआ। वे उधार आधारित निवेश के पक्ष में थे, लेकिन केवल इस शर्त पर कि वह दृढ़ नींव पर आधारित हो। संसार की सारी अर्थ व्यवस्थाएँ इसी आधार पर चलती हैं।

इसीलिए किसी भी कार्य की पहले परियोजना रिपोर्ट बनाकर वित्त विशेषज्ञ की सहमति के बाद ही उसे अमली जामा पहनाया जाता है। यही है मुद्रा का मौलिक सिद्धान्त।

(2) सामग्री (Material)

यह किसी भी प्रक्रिया का मूल तत्त्व है जिसके सहयोग से उत्पाद उपयोगी वस्तु में परिवर्तित किया जाता है, लेकिन इसके लिए उसका गुणता के पैमाने पर खरा उतरना आवश्यक है। आज के प्रतिस्पर्धात्मक युग में संस्था की लाभप्रदता बनाए रखने में इसका सर्वाधिक योगदान है।

यही वह साधन है जिसके माध्यम से आप साध्य को प्राप्त करते हैं। मुद्रा का उचित सामग्री में विनिवेश उसकी उपादेयता को सुनिश्चित करता है। समय के साथ लोगों की अपेक्षाएँ तो बढ़ी ही हैं, आपसी स्पर्धा का

वातावरण भी उतना ही तेजी से बढ़ा है। आराम का युग अब समाप्त हो गया है। अब तो केवल समर्थ के टिके रहने का युग आ गया है। इसके लिए सुदृढ़ सामग्री प्रबन्धन अत्यावश्यक है। यह प्रबन्धन के मार्ग में प्रवेश की पहली सीढ़ी है। इस हेतु 5 आर का सिद्धान्त सर्व विदित है जिस पर समुचित ध्यान देने मात्र से किसी अन्य उपाय की आवश्यकता नहीं रह जाती।

Right Price **(सही दाम)**
Right Quality **(सही गुणवत्ता)**
Right Time **(सही समय माँग)**
Right Quantity **(सही मात्रा)**
Right Delivery **(सही समय पूर्ति)**

प्रबन्धन के क्षेत्र में सामग्री की लागत में कटौती से प्राप्त लाभप्रदता का बड़ा सुन्दर उदाहरण उपलब्ध है। किसी भी उत्पादन या निर्माण के क्षेत्र में सामग्री का अनुपात लगभग 60% माना जाता है, जबकि लाभ करीब 10%। अब यदि सामग्री लागत में केवल 10% की कटौती भी प्राप्त की जा सके तो लाभ सीधे-सीधे बढ़कर 16% पर पहुँच जाएगा यानी 60% की अभिवृद्धि जिसे अन्यथा प्राप्त करने के लिए उत्पादन डेढ़ गुना से अधिक करना होगा जो काफी कठिन व जटिल दोनों है।

	पहले	बाद में
सामग्री	60%	54%
वेतन	10%	10%
कर	10%	10%
अन्य	10%	10%
लाभ	10%	16%

(3) मशीन (Machine)

समाज या कारखाने में छोटे से लेकर बड़े उपक्रम के लिए उपकरण की आवश्यकता और उपादेयता स्वयंसिद्ध है। वे दिन गए जब मशीन व उपकरण कल कारखानों तक सीमित थे। अब तो वह गरीब

की गृहस्थी का भी अंग हो गया है। रसोई से लेकर राजप्रासादों तक उनका साम्राज्य है।

यह वह साधन है जो मुद्रा की सहायता से खरीदी गई सामग्री में मूल्य अभिवृद्धि कर ग्राहक को सौंपती है। इसे ठीक से उपयोग कर पाने की क्षमता व दक्षता न केवल उत्पाद की गुणवत्ता निर्धारित करती है वरन् ग्राहक की सन्तुष्टि का साधन भी बनती है, लेकिन उसके लिए यह भी आवश्यक है कि जिन उपकरणों से हमें सफल उत्पाद की प्राप्ति होती है उनका रख–रखाव भी बच्चों की तरह किया जाए। आपने देखा होगा समाज के कुशल कर्मचारी, जैसे–बढ़ई, कुम्हार इत्यादि अपने उपकरणों को उपयोग करने से पूर्व प्रणाम करते हैं। विश्वकर्मा पूजा भी एक तरह से मशीनों के रख–रखाव तथा सावधानीपूर्वक उपयोग का आयोजन है।

आज के युग में पुराने रुढ़िवादी उपकरणों के बजाय अत्याधुनिक तकनीक व स्वचालित मशीनों का युग आ गया है, जिसमें व्यक्ति का स्वयं का ज्ञान व कौशल भी महत्त्वपूर्ण हो गया है।

मशीनों के सन्दर्भ में 5 बिन्दुओं पर ध्यान देना अत्यावश्यक है।

प्रभावी उपयोग (Optimum utilization)
प्रभावी उत्पादकता (Higher productivity)
उचित रख–रखाव (Proper upkeep)
तकनीकी उन्नयन (Technological upgradation)
ऊर्जा बचत (Energy Conservation)

(4) प्रक्रिया (Method)

यह वह विधि है जिसका सहारा लेकर ही सारी क्रिया सम्पन्न होती है। कम्प्यूटर की भाषा में कहें तो मशीन जहाँ हार्डवेयर है वहीं मेथड सॉफ्टवेयर। दोनों के सहयोग से ही अन्तिम लक्ष्य की प्राप्ति होती है। कहा जाता है कि आदमी सक्षम, समर्थ व साधन सम्पन्न हो पर यदि वह गलत मार्ग पर चल दे तो वह मंजिल तक कभी नहीं पहुँच पाता। इसी प्रकार भले ही सामग्री श्रेष्ठतम हो, मशीन अच्छी से अच्छी हो, पर यदि प्रक्रिया गलत चुन ही गई हो तो न केवल सामान का निर्माण शून्य हो

जाएगा अपितु सारा श्रम, प्रयत्न और पैसा भी व्यर्थ हो जाएगा। अतः उचित प्रक्रिया का निर्धारण भी सफलता की एक आवश्यक शर्त है।

(5) मनुष्य/मानव (Man)

इन पाँचों में से एक इकाई है मानव जो सर्वाधिक महत्त्वपूर्ण है। याद रखिए जहाँ अन्य सब निर्जीव हैं वहीं केवल मानव ही अकेली ऐसी इकाई है जो न केवल जानदार व जीवन्त है बल्कि जाग्रत तथा जागरूक भी है। शेष सभी अपनी सीमाओं से बँधे हैं जबकि मानव की क्षमता असीमित है बशर्ते आपने उसके दिल को छू लिया हो या जमीर को जिन्दा कर दिया हो। वह एक पल में हिमालय की चोटी और दूसरे पल में सागर की गहराई नाप सकता है। इस अद्‌भुत एवं विलक्षण परन्तु साथ ही जटिल व्यक्तित्व की सार-सँभाल भी हैंडल विथ केयर यानी अत्यधिक सावधानीपूर्वक कर पाने की कला हममें होनी आवश्यक है।

यह कला किसी भी व्यवस्था से परे होती है। ज्यादातर संस्थानों में पद की एक तालिका होती है और ऐसा मान लिया जाता है कि सब पैसे के लिए काम करते हैं तथा उन्हें ऐसा करना ही चाहिए। यह सोच अपरिपक्व एवं आधारहीन है। मनुष्य मूलतः पैसे के लिए नहीं वरन् पहचान और आत्मसन्तुष्टि के लिए कार्य करता है। किए गए कार्य की सराहना प्राप्ति की इच्छा कतई गलत नहीं। पर शीर्ष कई बार इस मामले में अनुदार हो जाता है। इससे साथ काम करने वालों का उत्साह भंग हो जाता है।

उन्नति की सीढ़ी चढ़ते समय आदमी कई बार भूल जाता है कि वह नीचे से ही ऊपर आया है। पद का मोह उसके अन्दर के इनसान को मार देता है। यही कालान्तर में अहंकार बनकर उसके सारे व्यक्तित्व को गिरफ्त में ले लेता है, जिससे उसकी प्रतिभा के सूर्य पर अहं के बादल छाकर उसकी मूल प्रतिभा को ढक लेते हैं।

याद रखिए जीवन में आगे बढ़ते समय व्यक्तित्व में गरिमा व उदारता में बढ़ोतरी भी पद के अनुरूप होनी चाहिए। तभी आप सफल कहे जा सकते हैं। यह उतना सरल भी नहीं। बड़े जतनपूर्वक आपको अपने व्यक्तित्व में उदार आचरण को ढालना होगा, वरना कहा ही गया है–

बड़ा हुआ तो क्या हुआ, जैसे पेड़ खजूर,
पंछी को छाया नहीं, फल लागे अति दूर।

जो साथी है वह तो वैसे भी आपका सम्मान करता ही है। उसे अधिकार नहीं आचरण से जीतने की कोशिश कीजिए, उसकी अच्छाइयों व कमियों के साथ। अच्छे पक्ष का उपयोग कीजिए और कमी को भूल जाइए। इनसान को इनसान समझने से बड़ा कोई धर्म नहीं। उसे बनाने वाले के मर्म को समझिए।

हम अपने गुरूरों से उबर क्यों नहीं पाते,
हर शख्स शख्सियत है समझ क्यों नहीं जाते।

हमारी अधिकतर ऊर्जा अन्य अवयवों के अनुपालन में इतनी व्यर्थ हो जाती है कि हम अपने सहयोगियों के लिए समय भी नहीं निकाल पाते। कभी उसके मन की बात भी समझिए, दिल से दिल के तार जोड़िए और सारे साधन उसकी सेवा में छोड़कर केवल प्रतीक्षा कीजिए। देखिए कैसा जादू हो जाता है। यह सब पर शत-प्रतिशत लागू होता है। गौतम बुद्ध ने एक अबला पर पत्थर मारने को उद्यत भीड़ से यही तो कहा था कि पहला पत्थर वह मारे जिसने कभी पाप नहीं किया हो।

(1) पारम्परिक तरीका (Conventional Method)

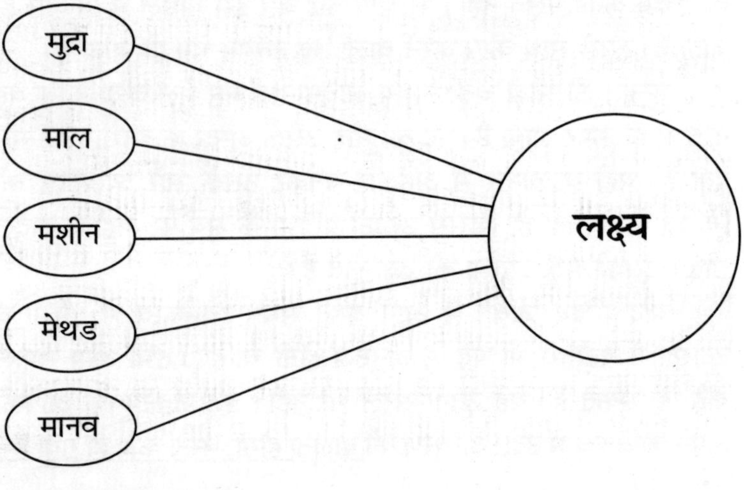

(2) परिवर्तित तरीका (Revised Method)

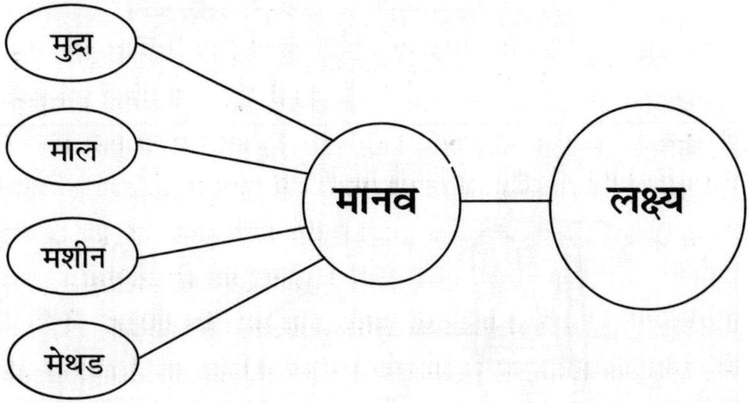

निष्कर्ष यह है कि सारे संसाधनों को स्वतंत्र इकाई मानकर लक्ष्य प्राप्ति के प्रयत्न के स्थान पर इन्हें मानव पर केन्द्रित करते हुए उसके माध्यम से लक्ष्य भेदन का प्रयत्न कीजिए। तब हर आदमी अपने उत्तरदायित्व को पूरी सजगता से समझते हुए एक सुगठित, सुदृढ़ समूह का सहभागी होगा। यही नेतृत्व से आपेक्षित है, जिसका पूरा सम्मान करते हुए आचरण में उतारे बगैर सफलता असम्भव है।

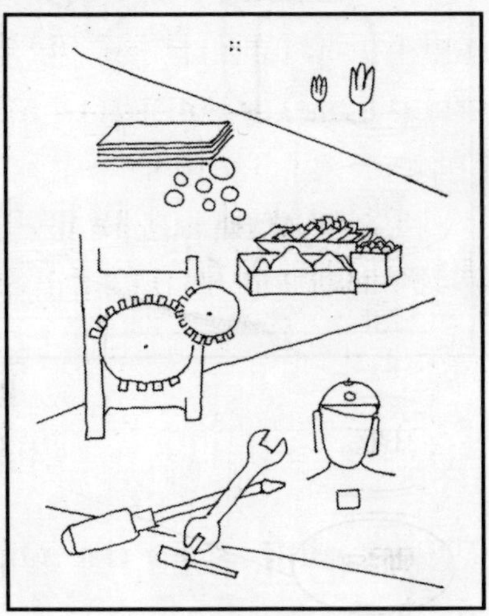

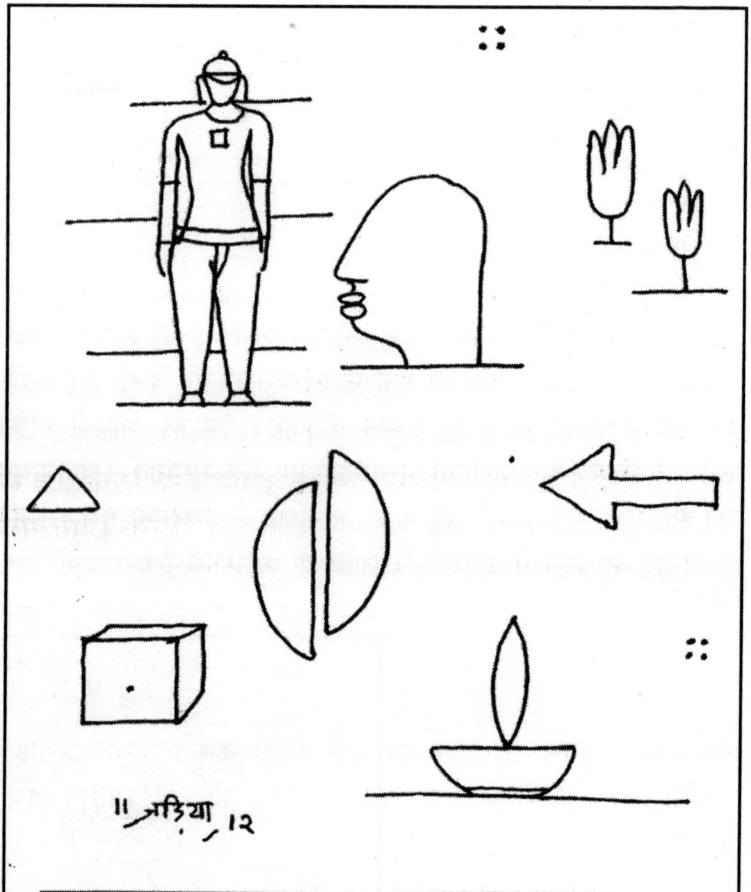
अड़िया

प्रबन्धन में संवेदनशीलता का सिद्धान्त

(Theory of Quotient Management)

यह सफल प्रबन्धन का आधुनिक सिद्धान्त है। समाज, संस्था या कार्य स्थल पर अब तक केवल व्यक्ति की शारीरिक क्षमता और किसी हद तक कुशाग्रता को परखकर उसका मूल्यांकन किया जाता था। पर बदलते समय एवं उत्पादकता तथा गुणता में अभिवृद्धि की माँग के परिप्रेक्ष्य में आदमी की अहमियत बढ़ी है एवं अब प्रबन्धकीय कौशल व संवेदनशीलता के मानस की अन्य विशेषताओं का समावेश भी किया गया है।

वैसे भी अगर देखा जाए कि यदि मनुष्य को मनुष्य समझते हुए उसकी समस्त खूबियों को काम में सम्मिलित किया जा सके, तो उनके समायोजन से जो परिणाम प्राप्त होंगे, वे न केवल उत्कृष्ट वरन् अनुपम तथा अनूठे होंगे। आदमी को कार्य निष्पादन की वस्तु मानने के बजाय यदि उसके अन्तस को छुआ जा सके तो न केवल उसके उत्साह, उल्लास और उमंग में वृद्धि होगी बल्कि संस्थान को भी असीमित लाभ प्राप्त होगा।

जमींदारी प्रथा या अधिनायकवाद के दिन इतिहास के पृष्ठों में सिमटकर रह गए हैं। तब आदमी अशिक्षित व कमजोर था एवं प्रबन्धन कठोर। धीरे-धीरे परिस्थितियाँ बदल रही हैं और प्रबन्धन में संवेदनशीलता के सूचकांक का प्रवेश हो गया है। ऊँचे स्थान पर बैठे हुए व्यक्ति के लिए यह अनिवार्य हो गया है कि वह स्वयं एवं

साथियों दोनों की समस्त मानवीय विधाओं का ईमानदारीपूर्वक आकलन करते हुए काम की चुनौतियों को स्वीकार कर उसे सफल बनाए।

1.	PQ	शारीरिक	Physical
2.	MQ	मानसिक	Mental
3.	IQ	बुद्धि	Intelligence
4.	EQ	भावना	Emotional
5.	SQ	आध्यात्मिकता	Spiritual

(1) शारीरिक सूचकांक (PQ)

यह भौतिक शरीर के स्वास्थ्य एवं फिटनेस से सीधा सम्बन्ध रखता है। जब तक मनुष्य शारीरिक रूप से स्वस्थ नहीं होगा, कार्य की सम्पन्नता तथा सफलता तो दूर उसे छू भी नहीं पाएगा। पहले का आदमी स्वास्थ्य की महत्ता से लापरवाह एक सुविधावादी जीवन जीने का अभ्यस्त था। धीरे–धीरे समय की माँग के अनुरूप वह भी अपनी सेहत के प्रति सचेत हो गया है। कैरियर के प्रति उसकी सजगता ने उसे स्वयं को चुस्त दुरुस्त रखने की आवश्यकता का अनुभव करा दिया है। महात्मा गांधी कहा करते थे कि स्वस्थ तन में ही स्वस्थ मन का निवास होता है। यही कारण है कि अब स्वास्थ्य सूचकांक प्रबन्धन कौशल की प्रथम सीढ़ी बनकर उभर आया है।

सुप्रसिद्ध गांधीवादी विचारक पद्मविभूषण डॉ. एस. एन. सुब्बाराव तो प्रारम्भ ही इस बात से करते हैं कि–**एक घंटा देश को, एक घंटा देह को।**

(2) मानसिक सूचकांक (MQ)

स्वस्थ तन के बाद स्वस्थ मानस या मन सफलता की दूसरी सीढ़ी है। जब तक दोनों समरस नहीं होंगे कार्य अधूरा रहेगा। तन और मन बैलगाड़ी के दो पहियों के समान हैं। दोनों के एक साथ एक गति एक लय के साथ चलने पर ही यात्रा का आनन्द और सुखद समापन सम्भव है। दोनों में से एक भी पक्ष के कमजोर रह जाने से न केवल गति अवरोधित होगी, वरन् यात्रा भी टूटकर एक जगह ठहर जाएगी।

(3) बुद्धि सूचकांक (IQ)

जैसा कि नाम से ही स्पष्ट है बुद्धि या कुशाग्रता किसी भी कार्य के पथ प्रदर्शक (Navigator) का कार्य करती है। समाज में विद्वान का यूँ ही सम्मान नहीं होता। उसकी विद्वता का लोहा मानते हुए सब उसका अनुसरण उसकी कुशाग्रता के कारण ही तो करते हैं। यही बात संस्था के बारे में भी लागू होती है। बुद्धिमान व्यक्ति ही कार्य सम्पन्नता की दशा तथा दिशा दोनों तय करता है। उसकी बुद्धि का लाभ समस्त साथियों को प्राप्त होता है। सब उससे प्रेरणा व मार्ग निर्देशन प्राप्त करते हुए लक्ष्य को हासिल करते हैं। नेतृत्व के लिए यह नितान्त आवश्यक है कि वह बुद्धिमान हो, तभी तो वह सब लोगों के समक्ष कार्य योजना का प्रारूप तैयार करके उसे अमली जामा पहना पाएगा।

(4) भाव सूचकांक (EQ)

प्रबन्धन के क्षेत्र में यह नवीनतम कड़ी है। अब इस बात की महत्ता पूरी तरह समझी जा चुकी है कि जीवन में भावना सर्वोपरि भले ही न हो पर ऊपरी पायदान पर अवश्य है। भावना शून्य लीडर

अपने सहयोगियों को न तो ठीक से समझ सकता है और न उनसे भावनात्मक रूप से जुड़ पाता है। जब तक आप अपने साथियों के सुख दुख के सच्चे भागीदार नहीं होंगे तब तक उनसे काम भले ही ले लें पर वह होगा बेमन से तथा आनन्दरहित। संवेदनशीलता का अपना सुख है। ऐसे व्यक्ति का न केवल आदर व सम्मान होता है बल्कि वह अपने सहयोगियों के लिए हमसफर न रहते हुए हमराज रहता है। लोग उसके साथ अपनी समस्या, अच्छाई, भला, बुरा सब खुशी-खुशी बाँटते हैं। इसके लिए मनुष्य के इस सूचकांक का मापन भी आज की प्रबन्धकीय भाषा में दिन ब दिन महत्त्वपूर्ण होता जा रहा है।

(5) आध्यात्मिक सूचकांक (SQ)

यह शब्द प्रत्यक्ष में तो अध्यात्म का सूचकांक है पर अप्रत्यक्ष रूप से मनुष्य की धार्मिकता या कृतज्ञतापूर्ण व्यवहार से सम्बन्ध रखता है। आप देखेंगे समाज या कार्य स्थल पर आहिस्ता-आहिस्ता धर्म की गूढ़ बातें, उसका दर्शन समझने का प्रयत्न सार्थक होता जा रहा है। 'धारयति इति धर्मम्?' अर्थात् जो कुछ भी धारण करने योग्य है वह धर्म है। सच्चा ज्ञान जीवन में अच्छाई का उद्गम स्थल है। ईश्वर के प्रति कृतज्ञता हमारा नैतिक कर्तव्य है। धर्मभीरु व्यक्ति किसी का बुरा करना तो दूर ऐसा सोच भी नहीं पाता। उसकी अच्छाई व सच्चाई न केवल उसके हृदय को स्वस्थ व सानन्द रखती है वरन् उसके सहयोगी भी उसके व्यवहार से अभिभूत रहते हैं। यहाँ प्रश्न आस्तिकता या नास्तिकता का न होकर मूल्य आधारित संस्कार व व्यवहार का है। भले ही वह परिवार हो, समाज हो या संस्था यह सब में पर्याप्त रूप से विद्यमान रहना चाहिए। कार्य के इस भाव से स्वयं में अनासक्ति योग की प्राप्ति होगी। फल की चाहत आदमी को स्वार्थी और संकीर्ण बनाती है जबकि निष्काम कर्म उदारता व

महत्ता प्रदान करता है। ईश्वर में विश्वास मनुष्य को उन्नति के मार्ग पर ले जाता है, जबकि अन्यथा पतन के मार्ग पर। धर्म मानव के हाथी रूपी कदाचरण पर नैतिकता रूपी अंकुश का कार्य करता है एवं उसे गिरने से बचाता है।

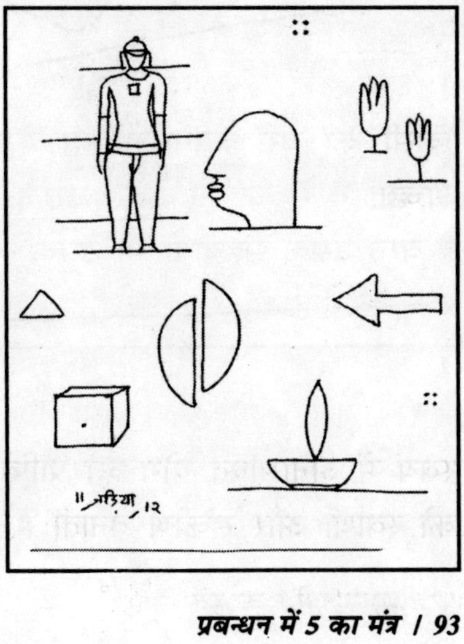

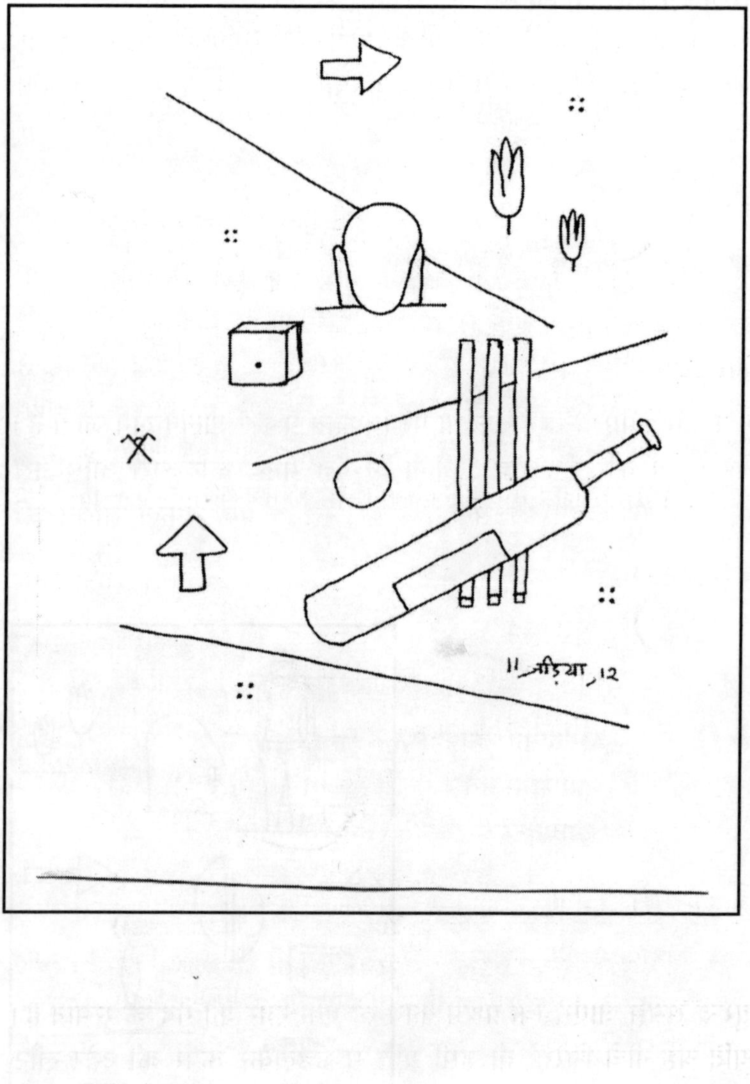

प्रबन्धन के कुछ प्रचलित सिद्धान्त
(Popular Principles of Management)

1. ब्रायन डायसन का सिद्धान्त : (Principle of Bryan Dyson)

जीवन की आपाधापी और दौड़-भाग में हम प्रायः छोटी-छोटी बातें भूल जाते हैं और उन्हीं तथ्यों या सच्चाइयों की उपेक्षा करने लग जाते हैं, जो हमारे लिए सम्भवतया सबसे महत्त्वपूर्ण हैं। यहाँ तक कि ये धीरे धीरे हमारी निजी जिन्दगी पर विपरीत प्रभाव डालने लग जाती हैं। बहुराष्ट्रीय कम्पनी कोका कोला के पूर्व मुख्य कार्यकारी अधिकारी (CEO) श्री ब्रायन डायसन ने सुखी, स्वस्थ एवं सफल जीवन की व्याख्या बड़े सुन्दर ढंग से की है, जिनका अनुपालन हमारे परिवेश को सहज, सुखद और सुहावना बना सकता है।

कल्पना कीजिए आपके हाथ में पाँच गेंद हैं और आप उनकी सहायता से जादू का खेल दिखा रहे हैं। ये गेंद इस प्रकार हैं–

- **आपका कार्य (Your work)**
- **आपका स्वास्थ (Your health)**
- **आपका परिवार (Your family)**
- **आपके मित्र (Your friends)**
- **आपका उत्साह (Your enthusiasm/zeal)**

आप एक-एक करके इन सबको हवा में उछाल रहे हैं। आप तुरन्त समझ जाएँगे कि प्रथम कार्य तो एक रबर की गेंद के समान है। यदि यह नीचे गिरेगी तो उसी गति से उछलकर ऊपर की ओर लौट

जाएगी, किन्तु शेष 4 गेंद यानी परिवार, स्वास्थ्य, मित्र एवं उत्साह शीशे की बनी हुई गेंद के समान हैं। यदि आप इनमें से एक को भी गिरा देंगे तो इसका परिणाम अपरिवर्तनीय होगा जिसकी भरपाई असम्भव है। गेंद स्थायी रूप से क्षतिग्रस्त हो जाएँगी। वे अपनी पूर्ववत् स्थिति में लौट नहीं पाएँगी।

जीवन में इसी सिद्धान्त की समझ और उस पर अमल अनिवार्य है अतः इस सूत्र को समझते हुए इसके अनुपालन की कोशिश ईमानदारी से कीजिए।

कार्य की अवधि के दौरान काम प्रभावी तरीके से कीजिए तथा समय पर घर जाइए। अपने परिवार, मित्रों एवं स्वयं के लिए समय सुरक्षित रखिए।

जीवन का कोई भी मूल्य तभी तक शून्य है जब तक कि उसका सही मूल्यांकन नहीं कर पाते हैं। एक बार हमें इस सच्चाई और इसकी अच्छाई का भान हो जाए तो फिर सारी समस्याओं का अन्त स्वयमेव हो जाता है और तब आप हो जाते हैं एक स्वस्थ, सुखी तथा सन्तुष्ट वह इनसान, जो न केवल अपना जीवन सँवार लेता है, अपितु अपने आसपास के लोगों के लिए भी प्रेरणा का स्रोत बन जाता है।

2. जीवन मंत्र : (Formula of Life)

जीवन में सौन्दर्य और सफलता के लिए हम कृत्रिमता या बाहरी अवयवों या आवरण पर अधिक निर्भर रहते हैं यह जानते हुए भी कि वे हमारी अपनी निजी सम्पत्ति नहीं हैं और यह भी कि ये हमारे जीवन में स्थायी नहीं हैं। परनिर्भरता कब तक आदमी का साथ दे सकती है। एक दिन जब आवरण हट जाता है तो हमारी कलई खुल जाती है। तथ्य और सत्य तो यह है कि हमें अपने व्यक्तित्व में उन गुणों या अच्छाइयों का समावेश करना चाहिए जो स्थांयी हों। ईश्वर ने हमें धरती पर अनमोल उपहारों के साथ भेजा है और उनका उचित उपयोग हमारे व्यक्तित्व को वह सौन्दर्य प्रदान कर सकता है जो न केवल स्थायी अपितु आह्लादकारी

और स्वयं तथा दूसरों के लिए भी सुखकारी है।

ईश्वर प्रदत्त ये निधियाँ न केवल हमारा अपितु समस्त संसार का भला कर सकती हैं। सफल जीवन का सुन्दर मंत्र और सबसे सुन्दर सौन्दर्य प्रसाधन कुछ इस प्रकार है :

1. ओठों पर सत्य (Truth on Lips) : सत्य वह सदगुण है जो हमारी आत्मा को स्वस्थ और स्वच्छ रखता है। इसे अपनाने से आदमी की समाज या संस्था में न केवल साख बढ़ती है बल्कि वह आदर व सम्मान के भाव से देखा जाता है।

2. आँखों में आत्मविश्वास (Confidence in Eyes) : आत्मविश्वास वह शस्त्र है जिसके बल पर आप जीवन का कठिन से कठिन युद्ध जीत सकते हैं,लेकिन उसकी पहली शर्त है आत्मा में परमात्मा का निवास यानी वे कार्य जिनके लिए उसने धरती पर भेजा है। साफ, सुथरे तथा नेकी से समायुक्त परहितकारी कार्य।

3. हाथों में दान (Charity in Hands) : जैन महामुनि विद्यासागरजी महाराज के शब्दों में संसार का वर्गीकरण केवल दो प्रकार के लोगों में किया सकता है। फैला हाथ यानी लेनेवाला और दूसरा देने की मुद्रा वाला हाथ। अब यह तय आपको स्वयं करना है कि आप क्या बनना चाहते हैं जीवन में। देने वाले या लेने वाले। यह आपकी नीयत पर निर्भर करता है और यह भी सच है कि आपकी नीयत ही आपकी नियति तय करती है। अत: ईश्वर की इस अनुपम सौगात का सदुपयोग कीजिए।

4. चेहरे पर मुस्कान (Smile on Face) : मुस्कान वह अचूक मंत्र है जिसकी सहायता से आप लोगों का मन सहज ही जीत सकते हैं और इसमें आपका कोई पैसा भी खर्च नहीं होता। यह आपके चेहरे का वह सौन्दर्य है जो दिन ब दिन निखरता जाता है समय के साथ। अत: इसे आज ही से अपनाइए। याद रखिए दम्भी एवं चिड़चिड़े चेहरे वाले इनसान को कोई नहीं चाहता।

5. हृदय में प्यार (Love in Heart) : हृदय कोमल और प्यार

का महासागर है। इसमें से जितना निकालेंगे तथा औरों के साथ बाँटेंगे इसमें उतना ही अधिक जमा होगा। पर स्वार्थवश हम इस तथ्य की उपेक्षा करते हैं। अतः दिल के दरवाजे खोलिए, लोगों के साथ हँसिए-बोलिए। वे आपके आजीवन संगी हो जाएँगे।

सुखी, स्वस्थ एवं सार्थक जीवन का यह एक अचूक मंत्र है। इसे आज ही से अपनाइए और एक आह्लादकारी, आनन्ददायक, स्वस्थ, सुखी, सुन्दर जीवन-यात्रा का आनन्द लीजिए।

3. सबसे कठिन है तोड़ना : (Difficult to Break)

एक कहावत है कि हीरों को ढूँढ़ना कठिन है पर तोड़ना सरल, लेकिन यदि पूछें कि क्या है वो जिसे तोड़ना सर्वाधिक कठिन है ?

तो इसका उत्तर है **HABIT** यानी आदत :

- **HABIT** : इसमें से यदि आप **H** को तोड़ते हैं तो बच जाता है–**ABIT**
- **ABIT** : इसी में से अब यदि आप **A** को हटा लेते हैं तो बचा रह जाता है–**BIT**
- **BIT** : इसमें एक अक्षर **B** को तोड़ देने पर भी बचा रहेगा–**IT**
- **IT** अब यदि आप इसमें से **T** को भी निकाल देते हैं तो भी शेष बचा रह जाता है–**I**

और यह **I** यानी मैं और मेरा अहंकार ही तो सारी समस्या का जनक है। जब तक आप अपने अहं (EGO : Edging God Out) को त्यागकर सर्वजन हिताय, सर्वजन सुखाय को अपना लक्ष्य नहीं बनाएँगे, न तो यह लोक और न परलोक सँवार पाएँगे, सफलता तो दूर की बात है।

4. सोच से सृजन तक (Clarity to Creativity)

सृजन और सोच का आपस में अटूट सम्बन्ध है। कोई भी सृजन बगैर उचित सोच के सम्भव ही नहीं है। ये दोनों के पूरक मात्र नहीं

अपितु अभिन्न अंग हैं। और यह भी सच है कि जीवन में सृजन से बड़ा कोई सुख नहीं। यह धरती पर हमारे आगमन एवं उसकी सार्थकता को सिद्ध करता है। लेकिन कोई भी वृहद कार्य बगैर सही सोच, बुद्धि एवं प्रतिबद्धता के कतई सम्भव नहीं। सो उसके लिए जो सोपान नितान्त आवश्यक हैं वे इस प्रकार हैं :

1. स्पष्ट सोच (Clarity of Thought) : अर्थात् किए जाने वाले कार्य के बारे में जब तक मानस में सही और स्पष्ट सोच नहीं होगा आप एक कदम भी आगे नहीं बढ़ पाएँगे। सोच ही विचार को शक्ति देता है जो अन्ततः उद्देश्य के कार्यरूप में परिणित हो सकने का आधार बनता है।

2. प्रतिबद्धता (Commitment) : जो सोच मानस में उभरता है उसके प्रति मन, वचन और कर्म से समर्पण। यही है प्रतिबद्धता का दूसरा नाम। यह गुण कर्ता को साहस, संकल्प और शक्ति देता है तथा इसके अभाव में एक कदम भी आगे नहीं बढ़ा जा सकता।

3. विषय ज्ञान (Knowledge) : विषय वस्तु का ज्ञान जीवन में नितान्त आवश्यक है अर्थात् जो कार्य किया जाने वाला है उसकी सम्पूर्ण जानकारी। याद रखिए ज्ञान वह अनमोल निधि है जिसका कभी क्षरण नहीं होता। बाकी सब संगी-साथी समय के साथ छूट सकते हैं, लेकिन यह वह एक मात्र मित्र है जो आजीवन आपका साथ देता है, पूरी ईमानदारी के साथ।

4. अंकुरण (Conceptualisation) : और जब ये साफ्ट वेयररूपी अवयव तैयार हो जाएँ तो फिर होगा विचार का बीजारोपण। याद रखिए यही प्रकृति का नियम है। जब तक किसी चीज का बीजारोपण नहीं होगा तो फिर उसका अंकुरण भी कैसे हो पाएगा। किए जाने वाले कार्य की फसल कैसे लहलहा पाएगी। यही तो है सुविधा, संसाधन या कह लें हार्ड वेयर।

5. सृजन (Creativity) : यह है आखिरी सीढ़ी जिसके अन्तर्गत आप पूरी लगन के साथ सृजनशील होकर लक्ष्य प्राप्त करते

हैं। यही चरम आनन्द की वह स्थिति है जब आप अपने प्रयत्नों के फल का साक्षात दर्शन कर परम सुख की अनुभूति प्राप्त करते हैं। कहा ही गया है सृजन से बड़ा कोई सुख नहीं और आप उस सच्चे सुख के सृजनकर्ता हैं।

'यही है सही सोच से सृजन का सिद्धान्त'।

5. हाथी सी हस्ती (Elephant Analogy)

हाथी हिन्दू दर्शन में पूज्य एवं अनुकरण के योग्य माना जाता है अपने धीर, गम्भीर, सहज, सरल तथा परोपकारी व्यक्तित्व के कारण। आपने देखा होगा वह न तो अपनी प्रशंसा के अतिरेक से फूलकर कुप्पा हो जाता है और न ही निन्दा से पराभव को प्राप्त। गीता में वर्णित स्थितप्रज्ञ की परिभाषा पर पूरी तरह खरा। प्रबन्धन व्यक्तिगत जीवन का हो या संस्था का इन दोनों में भी इन्हीं गुणों की आवश्यकता होती है। उदाहरण के लिए :

1. समुचित आकार (Adequate size) : अर्थात् आवश्यकतानुसार जिन संसाधनों की जरूरत हो उनसे परिपूर्ण। यह शाकाहारी प्राणी बहुत कम भोजन की आवश्यकता के बावजूद अपना अधिकाधिक समाज या स्वामी को प्रदान करने का भाव रखता है। उत्तर पूर्व प्रदेशों जैसे आसाम इत्यादि में तो भौतिक साधनों के बजाय वहाँ के निवासी लकड़ी के लट्ठों के परिवहन हेतु इसी प्राणी पर निर्भर हैं।

2. स्थिरता (Stability) : उचित संचालन के लिए जो चाहिए उसमें स्थिरता एक महत्त्वपूर्ण अवयव है। यह शान्त चित्त प्राणी हर स्थिति में एक जैसा बना रहता है और यही इसकी विशेषता है।

3. शक्ति (Strength) : यहाँ शक्ति का मतलब शारीरिक न होकर आन्तरिक गुणों से परिपूर्णता है। हालाँकि यह भी सत्य है कि अनावश्यक रूप से छेड़े जाने पर इसकी क्षमता के समक्ष कोई नहीं ठहर सकता।

4. सादगी (Simplicity) : सरलता एक ऐसा सद्गुण है जो सहज ही सबको आपस में जोड़ता है और हाथी में यह गुण सर्वाधिक मात्रा में पाया जाता है। आपने अभिमानी हाथी के दर्शन कदाचित ही कभी किए होंगे। यह निरभिमान प्राणी तो सादगी की ऐसी मिसाल है जिसका अनुसरण हम सबको सदा करना चाहिए।

5. स्थितप्रज्ञ यानी स्वयं सन्तुष्ट (Self Content) : गीता वर्णित यह गुण आदमी को विषम परिस्थिति में भी जूझकर उससे सहजता पूर्वक पार पाने का असीम साहस, संकल्प और शक्ति देता है। हाथी इस मामले में सबका आराध्य है।

बात का निष्कर्ष मात्र इतना है कि यही वे सरल, साधारण और सहज गुण हैं जिनको अपनाकर हम सब अपने व्यक्तिगत जीवन को न केवल सुखद बना सकते हैं, अपितु सार्थक, सफल तथा सुन्दर भी। हाथी पशु होकर भी यदि इन्हें अपना सकता है तो फिर हम तो बुद्धि से परिपूर्ण मानव हैं जो हर बात का मर्म समझकर उसका सार्थक उपयोग बड़ी आसानी से कर सकते हैं।

6. स्वास्थ्य ही सम्पत्ति (Health is Wealth)

स्वास्थ्य का मानव जीवन में विशेष महत्त्व है, क्योंकि यही तो वह ईश्वर प्रदत्त मशीन है जिसके माध्यम से आप अपने उद्देश्यों को आकार देते हैं। और जब तक यह सुचारु रूप से नहीं चलेगी, तब तक न अपने सपनों को साकार कर सकते हैं और न ही जीवन का आनन्द उठा पाते हैं। इसलिए यह सर्वथा आवश्यक है कि आप अपने स्वास्थ्य के प्रति न केवल सजग रहें बल्कि चुस्ती, फुर्ती और स्फूर्ति के साथ एक सन्तुलित तथा सानन्दपूर्ण जीवन का लाभ उठा सकें :

1. समुचित व्यायाम (Proper Exercise) : गांधीजी कहा करते थे स्वस्थ तन में ही स्वस्थ मन का निवास होता है और इसे पाया जा सकता है केवल समुचित व्यायाम की सहायता से। सुप्रसिद्ध

गांधीवादी विचारक डॉ. सुब्बाराव भी व्याख्यान में अक्सर इस बात का जिक्र करते हैं कि हर व्यक्ति को इस सिद्धान्त का पालन पूरे मनोयोग से करना चाहिए कि एक घंटा देश को, एक घंटा देह को।

2. समुचित आहार (Proper Diet) : समुचित आहार का जीवन में बड़ा योगदान है। आहार आवश्यकता से न अधिक हो और न कम। अधिक आहार जहाँ शरीर में चर्बी का विस्तार करते हुए अनेक बीमारियों को आमंत्रित करता है, वहीं कम आहार दुर्बलता का संचार।

हाँ एक बात और, शास्त्रों में कहा गया है जैसा खाओगे अन्न वैसा होगा मन। इसीलिए भोजन को तीन श्रेणियों में बाँटा गया है– सात्विक, तामसी और राजसी और सर्वाधिक महत्त्व सात्विक भोजन को ही दिया गया है क्योंकि इन्हीं से आदमी में सतो गुण, तमो गुण अथवा रजो गुण का निवास निश्चित होता है।

3. समुचित भार (Proper Weight) : शरीर का उचित भार न केवल आपके व्यक्तित्व को आकर्षक बनाता है वरन् आपको दैनिक कार्यों के लिए ऊर्जावान रखता है। इसकी कुंजी छुपी है उचित शारीरिक भार एवं आपकी ऊँचाई (Body mass index) के पैमाने में। आपका वजन यदि आपकी ऊँचाई के समानुपाती न हुआ तो न केवल आप भद्दे लगेंगे बल्कि लोग आपसे कतराने भी लगेंगे।

4. समुचित आराम (Proper Rest) : आराम न केवल शारीरिक थकान मिटाता है अपितु आपकी शरीररूपी बैटरी को रिचार्ज भी करता है। यह थकावट (Fatigue) से उबर पाने का सर्वोत्तम साधन है।

5. सकारात्मक मानसिकता (Proper Attitude) : आप की मानसिकता का आपके स्वास्थ्य से सीधा सम्बन्ध है। एक सकारात्मक मानसिकता वाला व्यक्ति सदैव प्रसन्न एवं खुशमिजाज मिलेगा जबकि नकारात्मक इनसान चेहरे से ही कुटिल व चालाक परिलक्षित होगा।

यही वे साधारण से सूत्र हैं जो आपके जीवन को स्वस्थ, सार्थक तथा सुन्दर बनाते हैं।

7. व्यक्तित्व की विशेषताएँ (Personality Traits)

मानव ईश्वर की वह सर्वश्रेष्ठ कृति है जिसे उसने अपनी तमाम आकांक्षाओं तथा सपनों को पूरा करने के लिए धरती पर भेजा ढेर सारी विशेषताओं तथा गुणों के साथ। साथ ही उसे अनेक आन्तरिक अच्छाइयाँ एवं शक्तियाँ भी प्रदान की हैं, ताकि वह उनका समयोचित सार्थक उपयोग कर लक्ष्य हासिल कर सके। उनमें से कुछ इस प्रकार हैं :

1. भरोसा (Faith) : एक बार वर्षा न होने से सारे ग्रामवासी बहुत दुखी और शोक सन्तप्त थे। उन्होंने कष्ट के निवारण हेतु ईश्वर से प्रार्थना का आयोजन किया। नियत तिथि पर सब एक स्थान पर एकत्रित हुए, लेकिन आश्चर्य की बात यह थी कि केवल एक बालक उस परम पिता में विश्वास की भावना के तहत एक छाता लेकर आया था। जीवन में यही है वह सत्य एवं तथ्य जो इसे सफल तथा सार्थक बनाता है यानी भरोसा (Faith)।

2. विश्वास (Trust) : जब आप एक बच्चे को हवा में उछालते हैं तो वह डरने के बजाय हँसता है, क्योंकि उस छोटे से बच्चे को भी मालूम है कि आप उसे नीचे आने पर पकड़ लेंगे। जीवन में कठिनाई के पलों में जो चीज हमें संबल देती है वह है विश्वास (Trust)।

3. आशा (Hope) : हर रात हम सोने जाते हैं बगैर इस बात के आश्वासन के कि हम आनेवाली सुबह जीवित ही उठेंगे, लेकिन फिर भी हम अपनी घड़ियों में अलार्म सेट करते हैं। यही तो है जीवन का ऐसा तत्त्व जो हमें जिन्दादिल, जाग्रत तथा अन्दर से मजबूत बनाता है वह है आशा (Hope)।

4. आत्मविश्वास (Confidence) : हम आनेवाले कल के

लिए शून्य ज्ञान के या अनिश्चितता के बावजूद बड़ी-बड़ी योजनाएँ बनाते हैं और अपने साहस, संकल्प शक्ति के साथ उसे पूरा करके ही दम लेते हैं। जीवन में वह शाश्वत तत्त्व एवं तथ्य जो हमारे अन्दर की अग्नि को प्रज्वलित रखता है वह है आत्मविश्वास (Confidence)।

5. अति आत्मविश्वास (Over Confidence) : हम संसार को पीड़ाग्रस्त मानते हैं। हम यह भी जानते हैं कि कल ऐसा ही कुछ हमारे साथ भी हो सकता है। इसके बावजूद हम निरन्तर आगे की ओर अग्रसर होते हैं। यही कहलाता है अति आत्मविश्वास (Over Confidence)।

सारांश में यही हैं व्यक्तित्व की वे विशेषताएँ या गुण जो समय समय पर आदमी को साहस, मार्गदर्शन प्रदान करते हुए जीवन में पूरे साहस व संकल्प शक्ति के साथ न केवल आगे बढ़ने अपितु सफलता का उच्चतम शिखर छू पाने की ऊर्जा, उत्साह एवं उमंग प्रदान करते हैं।

8. सिद्धान्त 5 एस का (Principles of 5 S)

प्रबन्धन के क्षेत्र में जापान की कार्यप्रणाली और योगदान बेजोड़ है। वहाँ के नागरिकों की कार्य कुशलता एवं समर्पण की कोई दूसरी मिसाल आज संसार के सामने नहीं है। यदि ऐसा न होता तो दो-दो विश्व युद्ध में तबाह देश सीमित जनसंख्या और क्षेत्रफल के बावजूद दुबारा खड़ा होकर जीवन पद्धति से लेकर औद्यौगिक प्रबन्धन तक हर क्षेत्र में महाशक्तियों को टक्कर नहीं दे पाता।

वहाँ कार्य स्थल पर 5-एस का सिद्धान्त पूरी तरह से लागू है। उसी के सिद्धान्त कोई आफिस हो या हमारा अपना घर हर जगह सामयिक और औचित्यपूर्ण हैं।

आइए उसके पाँचों अवयवों का अवलोकन करें :

1. छँटाई (Sort) : इसमें हर संग्रहित वस्तु की श्रेणी के अनुसार छँटाई या गणना कर, सूची बनाने से लेकर साफ-सफाई सब कुछ

सम्मिलित है, ताकि उन्हें संगठित किया जा सके।

2. क्रम के अनुसार जमाना (Set in order) : दूसरे सिद्धान्त के तहत हर वस्तु की उपयोगिता, आवश्यकता, माँग, उपलब्धता इन सबको दृष्टिकोण में रखते हुए सुचारु रूप से संग्रहण (Store) करने का स्थान तय करते हुए उस स्थान पर संगृहीत किया जाए।

3. चमकाना (Shine) : एक बार सामान व्यवस्थित रूप से जमाकर रखने के बाद जो आवश्यक तत्त्व हैं उसकी सार-सँभाल, नियमित साफ-सफाई। इससे न केवल वातावरण सुखद रहेगा, अपितु हर वस्तु सदैव सबकी नजर में रहेगी और आवश्यकता पड़ने पर इधर-उधर दौड़कर ढूँढ़ने से निजात मिल जाएगी।

4. मानकीकरण (Standardise) : यह अगला चरण है कि संग्रहित वस्तुओं का उपयोगिता के अनुसार सरलीकरण करते हुए उनके मानक तय किए जाए जो भी भविष्य में भी सही वस्तु की माँगपूर्ति में सहायक होंगे। इससे हमारी कार्य करने की क्षमता, उत्पादकता इत्यादि सबमें सुविधा और सहूलियत होगी।

5. बनाए रखना (Sustain) : और इस जापानी पद्धति का सबसे अन्तिम लेकिन साथ ही साथ सबसे महत्त्वपूर्ण अंग, जो कि ऊपर लिखें सिद्धान्तों के अनुरूप कार्य तो किया ही जाए लेकिन इस उपलब्धि को आगे आनेवाले समय में भी समुचित तरीके से बनाए रखा जा सके। अमूमन कोई भी कार्य एक बार तो जोश और खरोश से किया जा सकता है, किन्तु लम्बे अरसे तक या सर्वदा उस पर कायम या बने रहने में गहरी निष्ठा, धैर्य और सतत निर्बाध कार्यशैली की आवश्यकता होती है।

यही है 5-एस सिद्धान्त जो जीवन में हर जगह काम आता है। हमें सुव्यवस्थित तरीके से काम करने की प्रेरणा के साथ ही साथ वातावरण को साफ-सुथरा और सुखद बनाने में मदद करता है। हम एक सुविचारित पद्धति के अनुसार काम करने के आदी हो जाते हैं।

9. क्रिकेट की कला (Art of Cricket)

क्रिकेट एक विशिष्ट खेल है, जिसमें न केवल एकाग्रता बल्कि खेल कला का अदभुत समायोजन है। यही कारण है अन्तिम बॉल तक रोमांचकारी इस खेल को देखने के लिए लोग महीनों पहले से लालायित रहते हैं और कई बार तो अन्तिम चरण तक उनकी साँसें थमी रहती हैं। खिलाड़ियों के लिए भी चुस्त, दुरुस्त होने के साथ ही साथ एकाग्र चित्त से हर बॉल को खेल पाना एक अनिवार्य शर्त है। लेकिन आपको यह जानकर आश्चर्य होगा कि इसमें प्रबन्धन की दृष्टि से भी अनेक सन्देश छुपे हुए हैं। आइए उन पर एक नजर डालें–

1. सफलता (Success) : खिलाड़ी पूरे मन से खेलते हुए जब शतक की आखिरी बॉल को खेलता है तो सारा मैदान अभिनन्दन की मुद्रा में झूम उठता है। जीवन में सफलता भी एक शतक की तरह ही है। इसे प्राप्त करने का भरसक और ईमानदार प्रयास कीजिए। सन्देश मात्र यह कि सफलता एक शतक है–इसे प्राप्त करिए (Success is Century–Make it)।

2. समस्या (Problem) : समस्याएँ जीवन का एक अनिवार्य अंग है। इनसे आपको कठिन से कठिन परिस्थितियों से जूझकर पार पाने की क्षमता हासिल होती है। ये फेंके जाने वाली फिरकी गेंद के समान हैं। इनको पूरे आत्मविश्वास के साथ खेलिए। समस्या एक फिरकी या यार्कर है–इसका सामना कीजिए (Problem is a Yorker–Face it)।

3. असफलता (Failure) : जीवन में सफलता के साथ ही साथ असफलता की सम्भावना भी सदैव बनी रहती है और इसके प्रभाव में आकर यदि आपने अपने मनोबल को प्रभावित होने दिया तो फिर जीवन का प्रयोजन तक समाप्त हो सकता है। अतः इसे जाने दीजिए। इसकी उपेक्षा कीजिए। असफलता एक बाउंसर है–इसे जाने दीजिए (Failure is a Bouncer–Leave it)।

4. भाग्य (Luck) : भाग्य भी कई बार आदमी का साथ दे

जाता है। अत: ऐसे अवसर प्राप्त होने पर उनका पूरा सदुपयोग कीजिए। ऐसे मौकों पर जरा-सा भी आलस या गफलत बहुत महँगी पड़ सकती है। बुद्धिमान इनसान हाथ आई किस्मत को कभी नहीं जाने देता। इसे फुल टॉस बॉल की तरह खेलिए। भाग्य एक फुल टास है–इसका पूरा उपयोग कीजिए (Luck is Full toss–Use it)।

5. अवसर (Opportunity) : अवसर भी भाग्य का समानार्थी है। इसका सही समय पर सधा हुआ और सामयिक उपयोग आपके लिए सफलता के द्वार खोल देता है। हमारी चिन्ता या चिन्तन इसे ठीक से भुना पाने का होना चाहिए। एक फ्री हिट बॉल के समान ही इसे पूरे साहस के साथ खेलिए। अवसर एक फ्री हिट है–इसे कभी मत चूकिए (Opportunity is a Fee Hit–Never miss it)।

यही है क्रिकेट की कला को जीवन रण में साहस और सम्मान के साथ खेल पाने का सही, सामयिक और सार्थक सूत्र।

10. सपनों को करें साकार (Make Dreams Come True)

प्रबन्धन के क्षेत्र में सपने देखना और उन्हें साकार कर पाने की कला ही आदमी को सफलता के द्वार तक पहुँचाती है। स्वप्नरहित इनसान तो मात्र मशीन का पुर्जा होकर रह जाता है। लेकिन यहाँ पर एक सावधानी भी जरूरी है। कार्यरत व्यक्तियों का वर्गीकरण दो भागों में सरलतापूर्वक किया जा सकता है : प्रथम ड्रमर (Drummer) यानी केवल अपनी बातों का ढोल या ढिंढोरा पीटनेवाले और दूसरे सही मायने में स्वप्नद्रष्टा यानी ड्रिमर (Dreamer)।

यह तय हमें स्वयं करना है कि हमें किस श्रेणी का चुनाव कर जीवन में आगे बढ़ना है। सपने (Dream) साकार करने के लिए जिन गुणों की आवश्यकता होती है, वे इसी शब्द में सम्मिलित हैं :

1. समर्पण (Dedication) : यानी दिए हुए कार्य को पूरी निष्ठा व समर्पण के साथ सम्पन्न करने की कला। इस गुण के अभाव में कार्य या कर्तव्य से जुड़ पाना लगभग असम्भव ही है।

2. उत्तरदायित्व (Responsibility) : यानी जिम्मेदारी का निर्वहन। उत्तरदायित्व का बोध मनुष्य को कर्तव्य के प्रति सदैव सजग और सावधान रखता है, जो अन्ततः सफलता के पथ को सरल और सुगम बनाता है।

3. शिक्षा (Education) : यानी ज्ञान की प्राप्ति, जिसके अभाव में लक्ष्य का सम्पादन सम्भव ही नहीं। कार्य आरम्भ करने के पूर्व विषयवस्तु का पूरा ज्ञान नितान्त आवश्यक ही नहीं अपितु अनिवार्य शर्त है।

4. मानसिकता (Attitude) : यानी सकारात्मक सोच, जो आपको कार्य योजना एवं निष्पादन हेतु ठोस धरातल प्रदान करता है।

5. प्रेरणा (Motivation) : यानी रुचि की जागृति। अभिरुचि के अभाव में आदमी दिए गए काम के प्रति न तो एकाग्रचित्त हो पाएगा और न ही ईमानदार। रुचि ही उसके अन्दर के इनसान को जाग्रत कर काम से तन मन से जोड़ देती है।

इसी का एक अन्य पहलू भी है, अंग्रेजी के वर्ण 5 डी (D) का सिद्धान्त जो किसी कार्य के केन्द्र में रहने से सफलता असंदिग्ध हो जाती है और वे हैं–

–डिजायर (Desire) यानी इच्छा

–डेडिकेशन (Dedication) अर्थात् समर्पण

–ड्राइव (Drive) यानी ऊर्जा

–डेस्टिनेशन (Destination) अर्थात् लक्ष्य

–डूइंग (Doing) यानी क्रियान्वयन

संक्षेप में यही हैं वे सीढ़ी या सोपान जिनकी सहायता से आप न केवल अपने ध्येय में सफल हो सकते हैं अपितु निजी जिन्दगी को भी सहज, सरल, सफल, सुखी तथा सुन्दर बना सकते हैं। जीवन में किसी भी प्रयोजन की सफलता सुनिश्चित करने के लिए योजना, बुद्धि, संसाधन, विवेक इत्यादि के साथ ही साथ आन्तरिक गुणों का आकलन और उनमें समय के अनुरूप अभिवृद्धि आपके गतिमान तथा ऊर्जावान

बने रहने की आवश्यक शर्त है।

11. जियो तो ऐसे जियो (Live Life like This)

मानव जीवन में एक बात बड़ी स्पष्ट है और वह यह कि आदमी धरती पर बगैर नाम के आता है और नाम के साथ जाता है। अब यह उस पर निर्भर करता है कि वह कैसे कर्म करता है और अच्छा नाम लेकर धरती से विदा होता है या बदनाम होकर। इसलिए इनसान के जीवन की पहली प्राथमिकता ही यह होनी चाहिए कि वह जिए तो ऐसे जिए कि लोग उसे सदियों तक याद करें। कबीर ने तो कहा ही है : ऐसी करनी कर चले आप हँसे जग रोये। अत: वे पाँच चीजें जिनसे हमारा जीवन प्रभावित होता है, वे इस प्रकार हैं–

1. प्रसन्नता (Happiness–Keeps you sweet)—यह आप में मधुरता का संचार करती है और आपको कार्य सम्पादन हेतु प्रसन्नता का प्लेटफार्म प्रदान करती है। प्रसन्न मन से किए कार्य की सेवा तो सफलता स्वयं करती है। आपको उसके लिए विशेष प्रयत्न भी नहीं करने पड़ते।

2. अभ्यास (Trials–Keep you strong)–यह आपको मजबूत बनाता है। इससे आपके आत्मविश्वास में अभिवृद्धि होती है। अभ्यास से तो मूर्ख तक तर जाता है। कहा ही गया है : करत करत अभ्यास के जड़मती होत सुजान। इसकी महिमा सर्वविदित है। अत: इसे आदत का अंग बनाएँ।

3. दुख (Sorrows–Keeps you human)–दुख आदमी को माँजता है। उसके व्यक्तित्व को संवेदनशील बनाता है। यह आपमें मानवीयता का संचार करता है। स्वयं भोगे दुख से ही दूसरों के दुख को अपने अन्तस में अनुभव कर पाने की शक्ति का सृजन होता है।

4. असफलताएँ (Failures–Keeps you humble)–जीवन में सदैव सफलता सम्भव नहीं। हर परिस्थिति से जूझ पाने की क्षमता तो असफलता का स्वाद चखने के बाद ही प्राप्त होती है। सच कहें तो

जीवन में असफलता आपको विनम्र बनाती है। आगे के लिए और अधिक तैयारी के साथ जीवन रण में उतरने की कला का सन्देश देती है। इसलिए इन से घबराएँ नहीं। उचित मानसिक तैयारी करें पर पूरी विनम्रता के साथ।

5. सफलता (Success–Keeps you Glowing)–दिल में सफलता की चाहत लिए ही तो व्यक्ति किसी भी कार्य को आरम्भ करता है। यह उसका वांछित है। यह आपके व्यक्तित्व में तेज और ऊर्जा का संचार करती है, लेकिन याद रखिए वह केवल ईश्वर है जो आप को जीवन में आगे बढ़ते रहने के लिए प्रेरित करता है। ऐसे क्षणों में मन में कृतज्ञता का भाव रखिए।

सारांश में यह कि जीवन में हर तरह की परिस्थिति आती है और हर परिस्थिति में सम भाव से रहने का नाम ही है जिन्दगी। बस यह एक मूल मंत्र याद रखिए कि सफलता मिले तो गर्राना नहीं और असफलता मिले तो घबराना नहीं।

12. नीयत से नियति तक (Intention to Destiny)

नीयत जिसे अंग्रेजी में इंटेंशन कहा जाता है उसका हमारे जीवन में बेहद महत्त्व है। दरअसल यह हमारे जीवन जीने के तरीकों की प्रतिध्वनि है। कोई भी काम करते समय हमारा जो भी इरादा या मनोभाव रहता है, वही हमारे काम करने के मार्ग तय करता है और अन्ततः परिणाम में उभरता है। अच्छी नीयत से किए गए काम के परिणाम भी सकारात्मक तथा बदनीयती से किए गए काम के नकारात्मक और कभी–कभी घातक परिणाम तक हो सकते हैं। अच्छी नीयत से किए गए कार्य हमेशा सुखदायी होते हैं, हमारे लिए भी एवं दूसरों के लिए भी। आइए अब इसके सोपानों पर गौर करें :

1. विचार (Thoughts) : हमारे विचार ही हमारे जीवन की दशा और दिशा दोनों तय करते हैं। स्वस्थ एवं स्वच्छ विचारयुक्त आदमी का जीवन भी बड़ा सरल, सहज और सदाशयतापूर्ण होता है। आपके

विचार ही आपको समाज में प्रतिष्ठा प्रदान करते हैं। अतः अपने विचारों पर समुचित ध्यान दें, **वे आपके शब्द बनेंगे**।

2. शब्द (Words) : शब्द विचार के वाहक हैं। आपके विचार मस्तिष्क से शब्दों के माध्यम से ही जन मानस के समक्ष व्यक्त होते हैं। अतः इनके उपयोग एवं प्रयोग में पूरी सावधानी नितान्त आवश्यक है। शब्द ही अन्ततः विचार को कार्यरूप में परिणित भी करते हैं। अतएव अपने शब्दों पर समुचित ध्यान दें, **वे आपके कार्य बनेंगे**।

3. कार्य (Action) : कार्य ही जीवन का प्रयोजन है। कहा ही गया है कि कर्म प्रधान विश्व रचि राखा, जो जस करहीं सो तस फल चाखा। एक बात और, जैसे अच्छे कर्म का फल अच्छा होता है वैसे ही बुरे काम का बुरा नतीजा भी। सो अपने कार्यों पर समुचित ध्यान दें, **वह आपकी आदत बनेगी**।

4. आदत (Habit) : आपने देखा ही होगा कि हर दिन एक सा काम करते-करते हम उसके आदी हो जाते हैं और उस काम का शुमार हमारी आदत में हो जाता है। यही आदत शनैः-शनैः हमारे आचरण में आ जाती है। अतः अपनी आदतों का आत्मविश्लेषण भी हमारी आदत का अंग होना चाहिए। अपनी आदतों पर समुचित ध्यान दें, **वह आपका चरित्र बनेगी**।

5. चरित्र (Character) : चरित्र जीवन में सर्वोपरि है। कहा भी गया है कि यदि धन गया तो कुछ नहीं गया, स्वास्थ्य गया तो कुछ गया, लेकिन यदि चरित्र गया तो सब कुछ चला गया। आपका चरित्र ही अन्ततः आपका सर्वस्व तय करता है। इसलिए अपने चरित्र पर समुचित ध्यान दें, **वह आपकी नियति बनेगी**।

याद रखिए एक बात तो तयशुदा है कि अन्ततः आपकी नीयत ही आपकी नियति तय करेगी और उसके लिए अत्यावश्यक है कि न केवल आपके विचारों, शब्दों, कार्यों और आदतों में सामंजस्य हो, अपितु आपके सोच में साफ-सुथरे कार्यों के प्रति ललक, लगन और लक्ष्य बोध हो। यही जीवन का सरलतम सूत्र है।

13. रिवर्स इंजीनियरी : सपने से समापन तक
(Reverse Engineering : Initiation to Execution)

किसी भी कार्य के सफलीभूत होने के बीज का अंकुरण मानस की सकारात्मकता के बगैर सम्भव नहीं है। इंजीनियरी की एक मशहूर विधा है रिवर्स इंजीनियरी (Reverse Engineering)। इसके अन्तर्गत कई बार किसी पुर्जे या विधि का गहन अध्ययन इस उद्देश्य से किया जाता है कि उसने कैसे वर्तमान स्वरूप या आकार को प्राप्त किया होगा। तत्पश्चात उस क्रिया को अपनाया जाता है। इस मामले में श्रेष्ठ उदाहरण है पंजाब के बटाला स्थित मशीन निर्माण केन्द्रों का जहाँ किसी भी पुर्जे का निर्माण इस प्रक्रिया द्वारा तुरत-फुरत करके ग्राहक को सौंप दिया जाता है। एक दौर में तो मध्यवर्गी उद्योगों में सारा कार्य बटाला की खराद मशीनों की सहायता से ही सम्पन्न होता था। अतः रिवर्स इंजीनियरी के इस सिद्धान्त को अन्त से आरम्भ के सूक्ष्म अध्ययन की भावना के साथ अपनाएँगे तो चित्र कुछ इस तरह उभरेगा।

– कार्य का समापन यानी निष्पादन (Execution)
– कार्य का बीजारोपण (Conceptualization)
– कार्य का ज्ञान एवं बुद्धि (Knowledge & Intelligence)
– कार्य की आकांक्षा (Desire)
– कार्य का सपना (Dream)

अब आइए निजी या संस्थागत जीवन में उपरोक्त हर प्रक्रिया की उपयोगिता और महत्त्व का आकलन प्रारम्भिक विधि यानी पहली सीढ़ी से करें :

1. सपनों का संसार (Dreaming a Thought) : मनुष्य जीवन में सबसे सुनहरा है सपनों का संसार। जीवन में सपने देखना अनिवार्य है, क्योंकि उन्हें सच्चे करने का जो अदम्य सुख है वह उन्हें सच्चा करनेवाला ही जानता है। लेकिन सपने सकारात्मक और किसी लक्ष्य के प्रति समर्पित होने चाहिए। यही आधारशिला है कार्य निष्पादन की।

2. आकांक्षा या इच्छा (Desire) : सपने आकांक्षा या इच्छा की

जननी हैं। मनुष्य इच्छा शक्ति के बल पर समुद्र लाँघ सकता है, पर्वतों पर चढ़ सकता है। यह दूसरी सीढ़ी है सफलता की, जिसे आपको बगैर अवरोध के पार करना है।

3. कुशाग्रता एवं ज्ञान (**Knowledge & Intelligence**) : यह कार्य को अमली जामा पहनाने का आधार है। कुशाग्रता एवं ज्ञान दोनों एक दूसरे के पूरक हैं। एक के अभाव में द[illegible] अर्थहीन है। ज्ञान के कुशाग्रतापूर्वक सदुपयोग से कार्य सम्पन्न [illegible] शर्त पूरी होती है।

4. कार्य का बीजारोपण (**Conce[illegible]tion**) : उपरोक्त तीनों अवयवों के समायोजन से कार्य की नींव पड़ती है। उसके बीजारोपण के बाद ही तो कार्य का आकार ले पाना सम्भव होता है। जब तक आप विचार आत्मा में रोपेंगे नहीं तो फिर उसका प्रस्फुटन कैसे हो सकता है। यह वस्तु के मस्तिष्क में आकार लेने की प्रक्रिया का दूसरा नाम है।

5. कार्य का निष्पादन (**Execution**) : अन्ततः बारी आती है कार्य के निष्पादन की जिसे पूरे ज्ञान, कुशाग्रता, इच्छाशक्ति के साथ मनुष्य सम्पन्न करता है। निष्पादन सबसे अन्तिम लेकिन सबसे महत्त्वपूर्ण कड़ी है, क्योंकि यही तो हमारा प्रयोजन था और इसकी प्राप्ति के लिए ही तो सारे प्रयोजन किए जा[illegible] हैं।

संक्षेप में यही है कार्य के स्वप्न से समापन तक का सरलतम सूत्र।

14. कार्य का दर्शन (Philosophy of Execution)

भारतीय दर्शन में कार्य की परिपूर्णता के लिए जिन पाँच आवश्यक अवयवों की व्याख्या की गई है वे निम्नानुसार हैं, जिनको समझे बगैर प्रबन्धन की पाठशाला की कोई उपादेयता नहीं है। अतः इनको ठीक से समझा जाना अवश्यक ही नहीं अपितु किसी हद तक अनिवार्य भी है।

– भाव या धारणा (Impressions)

– अभिप्राय या इरादा (Intentions)

– विचार (Thoughts)

– क्रिया (Actions)

– प्रतिक्रिया (Reactions)

1. भाव या धारणा (Impressions) : यह कार्य के प्रति आपके झुकाव या अभिरुचि (inclination) की जननी है और कार्य सफलतापूर्वक सम्पन्न हो सके उसकी [illegible] की आधारशिला रखती है। रुचि सहित किया गया कार्य स्व[illegible]र्ण हो जाता है, जबकि अनिच्छापूर्वक किया कार्य निकृष्ट [illegible] की महज खानापूर्ति। अतः कार्य आरम्भ करने के पूर्व [illegible] पूरी रुचि जाग्रत करें।

2. अभिप्राय या इरादा (Intentions) : यही वह सोपान है जो आपके विचारों को ट्रिगर (Trigger) करता है। मानस की यही तैयारी तो कार्य के श्री गणेश की पहली सीढ़ी है। इरादा एक तरह से काम की इबादत की पहली मंजिल है। मजबूत इरादा ही हमें जीवन में आगे बढ़कर लक्ष्य हासिल करने की शक्ति और संबल प्रदान करता है।

3. विचार (Thoughts) : विचार क्रिया (Action) के सूत्रधार हैं। याद रखिए विचारों की गुणवत्ता या स्तर ही आपके कार्य की गुणवत्ता या स्तर को तय करते हैं अतः इनके प्रति पूरी सावधानी, सतर्कता तथा जागरूकता नितान्त आवश्यक है।

4. क्रिया (Actions) : आपकी कार्य सम्पादन की कला ही तो काम को अन्जाम देती है। याद रखिए जैसा बोएँगे वैसा काटेंगे, जो करेंगे सो भरेंगे। क्रिया का मार्ग और उसकी प्राप्ति हेतु प्रयत्न ही परिणाम की नियति तय करते हैं। कहा भी गया है–योगः कर्मसु कौशलं अर्थात् कुशलतापूर्वक किया गया काम ही योग है। अतः पूरी रुचि, भाव प्रवणता के साथ विवेकपूर्वक कार्य को आरम्भ करें और फिर उसमें सफलता के वरण का आनन्द प्राप्त करें।

5. प्रतिक्रिया (Reactions) : प्रतिक्रियाएँ हमारे मानस या चित्त में संग्रहित हो जाती हैं तथा कालान्तर में हमारे व्यक्तित्व निर्माण की दशा और दिशा तय करती हैं। यह दूरगामी योजना का अंग है और व्यक्तित्व

में इनका समावेश जीवन भर हमारा मार्गदर्शन करता है। अतः इन्हें अपनाकर आगे का मार्ग तय कीजिए।

यही है प्रबन्धन के क्षेत्र में सम्पादन का चक्र जो सतत जारी रहते हुए हमारी मानसिकता एवं परिणाम दोनों को प्रभावित करता है।

15. स्मार्ट का सिद्धान्त (Theory of Smart)

आज के दौर का प्रबन्धन पुरातन काल के मुकाबले कई गुना अधिक चुनौतीपूर्ण तथा उत्तरदायित्व का बोध लिए हुए है। यही कारण है कि आज की नौजवान पीढ़ी के लिए अधिक जोश एवं जागृति के साथ ज्वलन्त समस्याओं को समझकर पूरी तन्मयता के साथ गहराई में उतरकर प्रबन्धन की बारीकियों को आत्मसात करते हुए अपने कर्तव्य का निर्वाहन करना आज की महती आवश्यकता बन गया है।

स्मार्ट शब्द आधुनिक प्रबन्धन के क्षेत्र में वह सर्वविदित एवं सर्वप्रचलित शब्द है, जिसका आशय काम करनेवाले की दक्षता से सीधे-सीधे जुड़ा है। लेकिन इस शब्द की व्याख्या करें तो कई अर्थ एक साथ निकलते हैं और संस्था तथा स्वयं दोनों के विकास व सफलता का अचूक नुस्खा प्रदान करते हैं।

प्रथम अक्षर : एस (Specific) : यह पर्याय है किए जानेवाले काम के बारे में स्पष्ट सोच का तथा यही काम की दिशा और दशा दोनों तय करता है, क्योंकि जब तक यह मानस में तय नहीं होगा आप एक कदम भी आगे नहीं बढ़ा सकेंगे।

दूसरा अक्षर : एम (Measurable) : यह है कार्य मापन की तर्क संगत विधि, जिसके अभाव में आप वास्तविकता से अनभिज्ञ रहेंगे। अपने कार्य के सम्पादन के दौरान आप कैसे और कहाँ तक पहुँचे उसे इसी प्रक्रिया द्वारा समझा जा सकता है। संक्षेप में आप इसे कार्य योजना के दौरान तय किए गए माइल स्टोन का नाम भी दे सकते हैं।

तीसरा अक्षर : ए (Attainable) : स्वयं के सामर्थ्य एवं दक्षता

का सही–सही अन्दाजा लगाने के पश्चात ही कार्य हाथ में लेने से सफल समापन की इच्छा की जा सकती है। संक्षेप में यह कर्ता के सामर्थ्य एवं क्षमता का सूचकांक है।

चौथा अक्षर : आर (Realistic) : जैसा कि शब्द से ही विदित है लक्ष्य वास्तविकता पर आधारित होना चाहिए और कार्य की वास्तविकताओं को समझे बिना उसे आरम्भ करने की कोई तुक भी नहीं है। जब तक कार्य सच्चाई के समीप नहीं होगा आप सफलता की कामना भी कैसे कर सकते हैं।

पाँचवाँ अक्षर : टी (Time Bound) : कार्य की अवधि तय किए बगैर कार्य की शुरुआत करने से उसकी सफलता पर ही प्रश्नचिह्न लग जाता है। कार्य के मूल में तो उसका समयबद्ध सीमा में सम्पन्न होना ही है।

यही है स्मार्ट का सिद्धान्त जिसे स्मार्ट लोगों द्वारा न केवल समझ कर अपितु आचरण में आत्मसात कर आजीवन के लिए व्यक्तित्व की थाती बना लिया जाता है और फिर उसके बाद तो ताउम्र न तो उनका साबका किसी समस्या से होता है तथा न ही कभी असफलता का मुँह देखना पड़ता है।

16. जीवन के पाँच प्रश्न (5 Questions of Life)

जब भी हम दुविधा या कठिनाई में होते हैं तो उत्तर इधर–उधर ढूँढ़ने लगते हैं जबकि सच्चाई यह है कि जवाबदेही हमारे अपने अन्दर होती है। महात्मा गांधी ने तो इस सन्दर्भ में सबसे सटीक और सही बात कही है और वह यह कि जब भी आप दुविधा में हों या आगे का मार्ग न तय कर पा रहे हों तो इधर–उधर ताकने के बजाय केवल अपने अन्तस से यह पूछें कि जो काम मैं करने जा रहा हूँ उससे क्या किसी गरीब का भला होगा और तब उत्तर आपको अपने आप प्राप्त हो जाएगा।

जीवन रण में केवल एक अक्षर 'क' से उत्पन्न 5 शब्द हमारे

जीवन की धारा बदल सकते हैं, उसे सफलता के उच्चतम सोपान तक ले जा सकते हैं :

1. कौन **(Who) :** यानी आप कौन हैं और किस गुण के लिए विशिष्ट हैं। अपना आत्म निरीक्षण कीजिए। अपनी विशेषताओं और कमियों को पहचानिए और फिर अपना आगे का मार्ग तय कीजिए। लेकिन यह भी सावधानी रखें कि अपने मूल स्वरूप को न बदलें, क्योंकि तब आप न घर के रहेंगे और न घाट के।

2. क्या **(What) :** आप क्या करना चाह रहे हैं या चाहते हैं। भविष्य अज्ञात है। उसकी खोज या कल्पना में अपना सिर मत खपाइए। केवल समय व्यर्थ होगा। जो सामने है उसे जानिए, पहचानिए और सँवारिए। वही सत्य है। उसका सही और सार्थक उपयोग कीजिए।

3. कब **(When) :** कौन सा कार्य कब किया जाना चाहिए यह पहचानिए। समय का महत्त्व जीवन में सर्वोपरि है। कहा भी गया है समय चूक पुनि क्या पछताने। जिसने समय की कद्र नहीं की, समय ने भी उसकी कद्र नहीं की। ऐसे शख्स समय के कूड़ेदान में खुद ब खुद पहुँच गए।

4. कहाँ **(Where) :** कार्य उचित स्थल भी उसके सरलता तथा सफलतापूर्वक सम्पादन का एक आवश्यक अंग है। अनुचित स्थान का चयन आपको मुसीबत में डाल सकता है। यह कुछ कुछ अंटार्कटिका में फ्रीज तथा अफ्रीका में हीटर बेचने के समान होगा। यानी यदि चयन की सुविधा हो तो वह चुनिए जिस पर आगे चलकर आपको पछताना न पड़े।

5. क्यों **(Why) :** यह तार्किक प्रक्रिया है। काम क्यों किया जाना है तथा क्यों किया जाना चाहिए यह आरम्भ से पूर्व अच्छी तरह से सोचकर तथा सहमत होने के पश्चात ही उसे हाथ में लिया जाना चाहिए। इससे आपका उत्साह तथा मानस दोनों उसे हर्षपूर्वक स्वीकार कर सफलता की ओर ले जाते हैं।

17. एक पहेली 30 सेकंड की (Quiz of 30 Seconds)

जीवन एक अद्‌भुत पहेली है, जिसकी भूलभुलैया में खोकर हम अनेक बार अपना मूल उद्‌देश्य ही भूल जाते हैं। बड़ी-बड़ी बातों के मायाजाल में उलझकर हम वे अनेक छोटी-छोटी बातें या तो भूल जाते हैं या उनकी ओर से गाफिल हो जाते हैं, जो सम्भवतया हमारे लिए अधिक आवश्यक और लाभकारी थीं। आइए इस दिशा में कदम बढ़ाते हुए हम एक छोटी-सी पहेली हल करें एवं यह पहेली आरम्भ हो इसका दिशा-निर्देश सबसे पहले ठीक से समझ लिया जाए और वह यह कि आप पेन और पेपर की चिन्ता किए बगैर केवल इसे पढ़ें और उत्तर देने का प्रयत्न करें।

- देश के सर्वाधिक धनी 5 व्यक्तियों के नाम बताएँ।
- कृपया 5 फ्रेंच ओपन ट्राफी विनर्स के नाम बताएँ।
- कृपया विश्व की सर्वश्रेष्ठ 5 सुन्दरियों के नाम बताएँ।
- कृपया 5 नोबल पुरस्कार प्राप्त व्यक्तियों के नाम बताएँ।
- कृपया 5 आस्कर पुरस्कार विजेताओं के नाम बताएँ।

अब सोचिए क्या आप कर सके। बात केवल इतनी सी है कि कल की हेडलाइंस आज किसी को याद नहीं। ये सब इतिहास प्रसिद्ध हस्तियाँ थीं अपने क्षेत्र की, लेकिन **सच्चाई यह है कि प्रशंसा पूरी तरह अस्थाई** है। सराहना, सम्मान, पुरस्कार ये सब जानेवाले के साथ ही विदा हो जाते हैं।

आइए चलें अब दूसरी पहेली हल करें।

- अपने विद्यार्थी जीवन के श्रेष्ठ 5 शिक्षकों के नाम बताएँ।
- अपने उन 5 मित्रों के नाम बताएँ जिन्होंने संकट की घड़ियों में आपका साथ दिया।
- उन 5 व्यक्तियों के नाम बताएँ जिनसे आपने अपने जीवन में कुछ सीखा।
- उन 5 व्यक्तियों के नाम बताइए जिनसे आपने प्रशंसा पाई और जो आपके लिए विशिष्ट हैं।

– उन 5 व्यक्तियों के नाम बताइए जिनके साथ समय बिताने में आप आनन्द का अनुभव करेंगे। है ना सहज, सरल और सुन्दर प्रश्न।

निष्कर्ष : बात का सारांश मात्र इतना है कि जिन लोगों ने आपके जीवन में अमिट छाप छोड़ी, वे आपके लिए सर्वाधिक योग्य थे, न तो धनवान और न ही सराहना प्राप्त सज्जन। मात्र ये ही वे थे जिन्होंने आपकी चिन्ता की एवं आपको निर्मल मन से प्रेम किया और आपके जीवन में यही आपके लिए सर्वाधिक महत्त्वपूर्ण हैं। इस तथ्य और सत्य को ठीक से समझ पाना जीवन का सबसे आवश्यक अंग है एवं इसका अन्तरतम में अनुभव ही आपके जीवन में सुख के बीज बोता है। अतएव इनकी पूरे मन से कद्र कीजिए, इन्हें प्यार कीजिए। केवल ये आपके अपने हैं।

18. नकारात्मकता को बदलें सकारात्मकता में
(Transform Negativity into Positivity)

जीवन में सकारात्मकता को अपनाना सर्वाधिक श्रेष्ठ गुण है। एक ओर नकारात्मकता जहाँ जीवन के रास्तों पर आपके पैर पीछे की ओर खींचती है, वहीं सकारात्मक सोच आपको सतत आगे बढ़ते रहने का सन्देश देते हुए आपके मनोबल में भी अभिवृद्धि करती है। 5 शब्द जो अपको हतोत्साहित करते हैं, उन्हें कैसे उत्साह में बदलें आइए इस पर एक नजर डालते हैं :

1. NO : Next Opportunity
2. IMPOSSIBE : I (a)M Possible
3. FAILURE : First Step Towards Success
4. END : Efforts Never Die
5. Weakness : Opportunity for Improvement

याद रखिए एडिसन बल्ब का आविष्कार करने के पूर्व 2000 असफलताओं का सामना करना पड़ा था। जब अगली बार वे सफल हो

सके तो किसी ने उनकी असफलताओं के परिप्रेक्ष्य में उनसे स्वयं का अनुभव पूछा। एडिसन ने हँसते हुए कहा कि यह प्रोसेस ही 2001 सीढ़ी वाला था।

इसलिए याद रखिए जब चुन पाने की सुविधा न हो तो फिर पूरे मन, वचन और कर्म से परिस्थिति से जूझकर पार पाने का ही नाम तो है जीवन।

जीत उनको ही मिली जो हार से जमकर लड़े हैं,
हार के भय से डिगे जो वो धराशायी पड़े हैं।

19. प्रार्थना (Prayer)

ईश्वर आस्था का प्रतीक है। माने वो भी ठीक और जो न माने वह भी ठीक। वह किसी से कुछ नहीं कहता। बाईबिल के अनुसार हम सब ईश्वर के पुत्र हैं और वह हमारी रक्षा पिता तुल्य ही करता है।

अस्तु कृतज्ञता स्वरूप कुछ इस तरह एक छोटी सी प्रार्थना कही गई है :

Happy moments : Praise God
Difficult moments : Seek God
Quiet moments : Worship God
Painful moments : Trust God
Every moment : Thank God

अर्थात्

खुशियों के पल : ईश्वर की प्रशंसा करें।
कठिन पल : ईश्वर की खोज करें।
शान्त पल : ईश्वर की पूजा करें।
दुख के पल : ईश्वर में विश्वास रखें।
हर पल : ईश्वर को धन्यवाद दें।

हाँ एक बात और सम्पूर्ण सृष्टि का सृजन करने के बावजूद वह निरभिमानी किसी पर अपने वजूद को स्वीकर करने हेतु कोई दबाव भी

नहीं डालता। इसीलिए तो कहा भी गया है :

सलीका ही नहीं कुछ उसे महसूस करने का,
जो कहता है कि खुदा है तो दिखाई देना जरूरी है।

20. भावनात्मक चतुराई (Emotional Intelligence at Work)

पहले प्रबन्धन एक निर्जीव, भावशून्य कार्यप्रणाली का सिद्धान्त था, जिसमें पैसे तथा काम को एक दूसरे का समानुपाती माना जाता था यानी सम्पादित कार्य का एकमात्र पैमाना उस पर कार्यरत व्यक्ति पर खर्च की जानेवाली लागत थी। मूलतः यह जमींदारी प्रथा थी, जिसमें कार्य लेनेवाले तथा करनेवाले के बीच मालिक और नौकर का रिश्ता था। समय के साथ समय भी बदला। लोग उपलब्ध शिक्षा के परिप्रेक्ष्य में जागरूक हुए। श्रम के प्रति सबका नजरिया बदला। अब श्रम श्रद्धा और सम्मान का पूरक है। आदमी को आदमी समझा जाने लगा है। उसकी शारीरिक आवश्यकताओं की पूर्ति ऊपर उठकर भावनात्मक सन्तुष्टि भी एक अनिवार्य आकार ग्रहण कर चुकी है। अतः प्रबन्धन के क्षेत्र में इसका महत्त्व बढ़ा है। अब बुद्धि-कौशल के साथ भावना का भी जुड़ाव हुआ है, जिसके पाँच अंग इस प्रकार हैं :

1. आत्म जागरूकता (Self awareness) : सेल्फ अवेयरनेस यानी स्वयं को समझ सकने की योग्यता। जब तक स्वयं को नहीं समझेंगे, तब तक जीवन में आगे कैसे बढ़ पाएँगे। पहले खुद को जानिए तथा तदुपरान्त औरों की चिन्ता कीजिए। किसी भी अच्छे प्रयोजन का शुभारम्भ स्वयं को पहचानने के साथ कीजिए।

2. आत्म नियमन (Self Regulation) : सेल्फ रेग्युलेशन अर्थात स्वयं पर नियंत्रण। आपकी पहली प्राथमिकता ही यह है कि बाधा उत्पन्न करनेवाले कारणों पर नियंत्रण की कला सीखें। विघटनकारी आवेग (Disruptive Impulse) की दिशा मोड़ने का प्रयोजन करें। ऐसे तत्त्वों से निराशा प्राप्त कर अपना मूड खराब करने से बचें। बाधा को पार करते हुए या उससे बचते हुए लक्ष्य की ओर बढ़ें।

3. प्रेरणा (Motivation) : मोटिवेशन यानी कार्य के प्रति अनुराग या लगाव (Passion)। यह वह गुण है जो इनसान को भौतिक सन्तुष्टि जैसे पद अथवा पैसे से ऊपर ले जाकर गहन आत्मसन्तुष्टि प्रदान करने में सहायक है।

4. सहानुभूति (Empathy) : इम्पेथी अर्थात संवेदना। यह वह सेतु है जो लोगों को आपसे भावनात्मक रूप से जोड़ता है। इसके लिए आवश्यक है कि आप उनकी भावनाओं को समझ सकने की कला का स्वयं में विकास करें। यह सम्बन्धों को अन्तरतम तक सशक्त बनाने का सबसे सरल सूत्र है।

5. सामाजिक कौशल (Social Skill) : सोशल स्किल। यह है आधुनिक प्रबन्धन की सार-सँभाल का एक महत्त्वपूर्ण अवयव। आज की आपाधापी और प्रतिस्पर्धात्मक दौर की यह महती आवश्यकता है कि आप न केवल सम्बन्धों को सँवारने तथा सहेजने में पारंगत हों, बल्कि अपना स्वयं का नेटवर्क भी विकसित कर सकें। इसकी सहायता से आप खुद-ब-खुद तुरन्त समाधान के अन्तिम छोर पर पहुँचकर उसे आसानी से प्राप्त कर सकते हैं।

कुल मिलाकर यही है भावनात्मक चतुराई की वह कला जो आपको सबसे जोड़ते हुए जीवन में न केवल आगे बढ़ने का मार्ग सुगम करती है अपितु अन्तस में आनन्द का सृजन भी करती है।

21. संयोग का समन्वय : (Coincidence of Coordination)

जीवन में कुछ चीजें संयोगवश घटित हो जाती हैं। इसका कोई युक्तिसंगत कारण ढूँढ़ना भी व्यर्थ है। ये हमारे बस से परे होती हैं और जब हम उनका थोड़ी गहराई से अध्ययन करते हैं तो पाते हैं कि सुखद होने के साथ ही साथ वे हमें एक सार्थक सन्देश भी दे जाती हैं।

जब इनमें हमारा कोई योगदान नहीं तो फिर कैसे हुईं, किसने कीं, क्या कारण रहा होगा। तब पता चलता है कि इन सबके पीछे भी कोई गहन सन्देश छुपा होता है। उदाहरण के लिए :

BIBLE : 1+1+1+1+1 = 5 अक्षर

GEETA : 1+1+1+1+1 = 5 अक्षर

QURAN : 1+1+1+1+1 = 5 अक्षर

CHRIST : 1+1+1+1+1 = 5 अक्षर

KHUDA : 1+1+1+1+1 = 5 अक्षर

NANAK : 1+1+1+1+1 = 5 अक्षर

उदाहरण के लिए देखें तो सारे धर्म और उनके सन्देश वाहक ग्रन्थ अलग-अलग जगहों पर सृजित हुए, लेकिन उनमें समानता की एक झलक इस प्रकार उभरती है :

लिखते समय किसने सोचा होगा यह साम्य। इसमें जो सर्वाधिक गूढ़ भावार्थ निहित है, वह यह है कि जीवन हो या प्रबन्धन उसमें सफलता के लिए समझदारी, सहयोग, सहयोजन, सामंजस्य और सम भाव नितान्त आवश्यक है। यही सब धर्मों का सार भी है।

❑❑❑

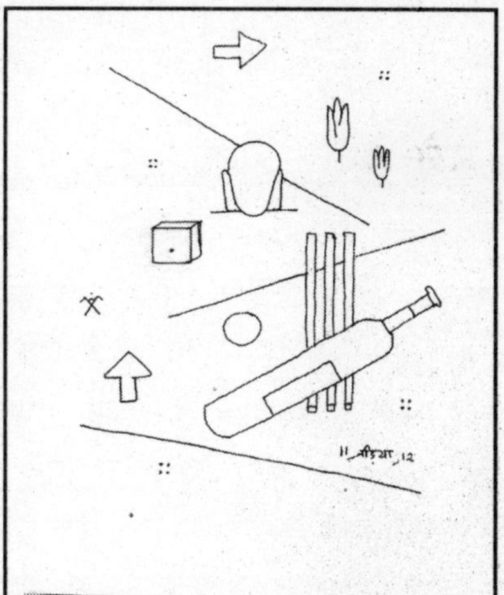